UP 非常成长书
一口气读完 一辈子受益

UP 非常成长书
一口气读完 一辈子受益
男孩版

爱笑的男孩最幸运

乐观开朗

晓玲叮当 编著

SPM 南方传媒 | 新世纪出版社
·广州·

目录

引 子

亲爱的男孩，

当你遇到困难与挫折，

不要沮丧，不要灰心。

在心田种下乐观，种下希望，

让自己变成一棵向日葵，

永远面朝太阳，露齿微笑。

要知道，微笑，

是世上最甜的语言，

也是你最幸运的法宝。

鸟屎运

春姑娘展露着笑颜来到人间，到处都是一派生机勃勃的景象。森林里的小动物也都乐滋滋的，除了小刺猬巴啾。

巴啾觉得他最近一定是“霉神上身”，才会做什么都倒霉！

午后，巴啾打了个大大的哈欠，竟然闪了腰。这还不算完！傍晚下起倾盆大雨，巴啾小心翼翼地躲过一个小水坑，却不小心被一块石头绊倒，生生摔进了大水塘里。

你说，还有比他更倒霉的刺猬吗？

这天，巴啾在一天内第五次踩到香蕉皮滑倒以后，忍不住坐在地上哭出声来：“我真是太倒霉了！”

旁边一只摆摊的狐狸听见这话，赶紧拿起一枚蝴蝶结跑过来，神秘兮兮地对巴啾说道：“这是咱狐狸家族祖传的‘幸运结’，把它系在你的尾巴上，幸运就会跟着你哟！”

巴啾连忙从兜里翻出几枚银币，买下了这枚“幸运结”。

第二天，巴啾认认真真地系上“幸运结”。谁知，他刚迈出门，“幸运结”就滑落在地上了。

巴啾压根没有发现“幸运结”掉了，心里还美滋滋地想着，今天一定不会倒霉啦！

他笑吟吟地走着，突然，“啪嗒”一声，一坨鸟屎掉在了巴啾的头顶上。巴啾刚想抱怨倒霉，但他想起“幸运结”，顿时又开心起来：“嘿，说不定我要走鸟屎运喽！”

就这样，巴啾头上顶着一坨鸟屎，嘴里哼着小曲儿，在森林里优哉游哉地走着。

一阵“嗡嗡嗡”的声音响起，呀，鸟屎引来了一群苍蝇！

巴啾实在受不了苍蝇的“嗡嗡”声，他捂着耳朵躲进了一个树洞里。哪知道，这群苍蝇也紧跟着他飞进了树洞，围着巴啾头顶的鸟屎“嗡嗡”个不停。

“吸引苍蝇也算幸运吗？那么，我可以当史上第一只养苍蝇的小刺猬……”巴啾喃喃自语。

这时候，树洞深处走出一只小蜜獾，热情地招呼巴啾一起玩儿。原来，巴啾躲进的这个树洞是小蜜獾的家。他俩很快就熟络起来。

瞧，鸟屎运给他带来了一个好朋友，真幸运！

两个小家伙玩得忘乎所以，就连苍蝇的“嗡嗡”声听起来都变得悦耳了。巴啾还即兴表演了一首“蝇蝇歌”，苍蝇们配合地在他头顶上“嗡嗡”地伴奏。

小蜜獾听得连连鼓掌。他真喜欢这群苍蝇，要是苍蝇们能天天陪着他“嗡嗡”地唱歌多好呀！

想到这儿，小蜜獾跑到树洞的地窖里，小心地抱出两罐蜂蜜，跟巴啾商量道：“我用一罐蜂蜜和你换苍蝇好不好？”

蜂蜜换苍蝇？这么好的事儿，巴啾当然笑嘻嘻地答应啦！

当小蜜獾打开另一罐蜂蜜的时候，苍蝇们闻到香甜的蜜味儿，立马不再留恋鸟屎，全都围着蜂蜜“嗡嗡”得更起劲儿了。

巴啾抱着蜂蜜欢欢喜喜地准备回家。哪知道，走在路上手一滑，蜜罐“咚”的一声掉在了地上，盖子飞了出去。

一大群蚂蚁闻香而来。一队蚂蚁负责吃蜂蜜，另一队蚂蚁负责搬蜂蜜。

一眨眼，满满的蜜罐子就变成了空罐子。巴啾瞪大了眼睛，使劲儿把脑袋往蜜罐里凑，试图找到一小滴残余的蜂蜜。

结果，蜂蜜没找着，头顶的鸟屎却掉进了蜜罐。

一缕烟雾从空蜜罐里飘出来，紧接着，飞出一个捂着鼻子的小精灵。

想不到吧？这个蜜罐精灵睡了五百年之后，竟然被鸟屎熏醒了。他还得按照精灵守则的规定，帮叫醒他的巴啾实现一个愿望。

“我希望每天都有鸟屎运！”巴啾欢快地许愿。他刚许完愿，蜜罐精灵又睡着啦。

巴啾觉得狐狸小贩的“幸运结”真是太灵验了！没想到，他走到家门口才发现，原来，“幸运结”早就掉了。

第二天，巴啾乐呵呵地出门了。刚走两步，“啪嗒”一声，一坨鸟屎又掉在了他头上。这一回，巴啾又会有什么“鸟屎运”呢？

爱笑的男孩最幸运

幸运之神总是降临在快乐的人身上。

有一位老先生，生活中总能遇见好运，那些倒霉的事情从来都离他远远的。

有人好奇地问他："请问你获得好运的秘诀是什么呢？"

他笑着回应："每天早上我都要出门散步。每当我遇到晴天时，我会想，这真是个美好的晴天呀！而当我遇到雨天时，我则会想，雨中漫步也是一件很有情调的事情。"

无论何时何地，老先生始终相信幸运会一直伴随着他。每次他开心的时候，好运自然就会来到他的身边。

老先生的故事告诉我们，无论遇到坏事还是好事，只要你相信"幸运的事情即将发生"，那么，每一次偶然的事件，都有可能是幸运的开始。

亲爱的男孩，或许你会认为，人与人的命运是不同的。有些人总是好运连连，而有些人却总是四处碰壁。事实上，幸与不幸往往取决于一个人的心态，拥有好心态的人，有能力将不幸化为幸运，将艰难化为顺利。学会笑着面对每一件事情，你会发现生活处处都是惊喜。在漫长的一生里，如果你总是笑口常开，终会遇见自己的幸福。

成长小魔棒

做爱笑男孩的第一个法宝：笑口常开。

咒语：笑口常开，好运自来。

冰雪精灵

大约一万年前，白令海峡上还结着厚厚的冰。

有这样一群人，他们冒着严寒，迎着风雪，跨过了白令海峡的“冰桥”，从亚洲迁徙到了美洲。迁徙的路上，他们为了躲避印第安人的追杀，退到了北极。

他们就是因纽特人的祖先。千万年来，他们在北极这片几乎不具备人类生存条件的白色荒原上，奇迹般地活了下来。

在死亡线上挣扎的因纽特人，面临的首要挑战就是食物的匮乏。

北极常年被冰川覆盖，绿色植被稀少，野生动物成了因纽特人的主要食物来源。

为了狩猎，因纽特人就地取材，把冰川岩石和动物的骨头做成了鱼叉、箭、梭镖……

夏天，他们乘着自制的皮艇，在波涛汹涌的海面上捕猎鲸鱼和海豹；冬天，他们凿开两米深的冰层，在零下五十多摄氏度的严寒中，一动不动地等待，直到海豹露出水面。有时，他们还要坐着雪橇去很远的地方捕抓驯鹿和麝牛。

他们随时都有可能掉入海洋和冰窟，也随时有可能遭到北极熊的袭击，但他们却从来没有放弃过对生存的渴望。

极地的寒风呼呼地吹着，刺骨的冷风如针扎般刺入因纽特人的身体。

为了活下去，因纽特人把厚重的兽皮做成了皮毛大衣。没有针线，他们就用动物的骨头和牙齿做缝衣针，用驯鹿的筋加工成缝衣服的线。穿着用驯鹿皮和海豹皮缝制出来的衣服，即使天气再恶劣，因纽特人也觉得身上暖暖的。

严寒激发了因纽特人的灵感，因纽特人创造出属于自己的独特建筑——雪屋。

雪屋是用积雪压成的雪砖砌成的。它就像一个厚实的半球形保温箱，把疾风和严寒通通挡在了屋外。因纽特人会在雪屋内放上冰桌、冰凳和冰床，再铺上厚厚的皮草，将雪屋布置成一个

简单、温暖的家。

夜晚，雪屋里亮起了一盏盏鲸鱼油灯，橙黄的灯光在这漫天的风雪里显得格外温馨，因纽特人就在这里度过了一个个漫长的冬夜。

艰苦的生活环境没有把因纽特人打垮，他们不仅在这恶劣的条件下活了下来，还努力寻找生活的乐趣，享受生命的喜悦。

长期食生肉的因纽特人对美食依然有着极大的热情，他们发明了别具风味的“腌海雀”。当朋友来访的时候，他们一边喝着小酒，一边吃着“腌海雀”，生活别提多有滋味了。

因纽特人还自创了“因纽特舞”。每当极夜来临，他们便开始聚会，大家在一起唱着歌，跳着舞，分享生活中的各种趣事。

尽管生活在被荒凉和严寒包裹着的极地，因纽特人却依然坚强乐观地生活。他们用大自然赋予的一切，为自己的生存创造出无限可能的机会。

因纽特人称北极为“美丽的大地”，而他们也早已成为这片土地上一道靓丽的风景。

乐观的苏格拉底

你对生活微笑的时候，生活也会还你以微笑！

苏格拉底是古希腊著名的哲学家。他曾经穷困潦倒，和街上的流浪汉挤在狭小的窝棚里生活。窝棚破败不堪，一下雨就漏水，冬天更无法阻挡刺骨的寒风。虽然生活艰苦，但苏格拉底每天都乐呵呵的，一点都不沮丧。

有人问他：“你的生活很艰难，为什么还过得这么开心？”苏格拉底笑了笑，说道：“我一点儿都不觉得自己过得艰难。我每天晚上躺在床上，一抬头就可以看到璀璨的星光，一闭眼，草丛中的虫儿就为我歌唱。我身边还有这么多朋友，我为什么不开心呢？”

后来，苏格拉底到处游历，四处学习。他用微笑和坦然面对生活中所有的磨难和挫折，最终成为一名了不起的思想家、哲学家！

亲爱的男孩，在现实生活中，你会遇到许多

挫折和磨难。别害怕！试着像因纽特人和苏格拉底一样，始终抱有希望，用一颗乐观积极的心面对人生中的所有挑战。拥有一颗乐观的心，你就有勇气去战胜生活中所有的困难。

成长小魔棒

做爱笑男孩的第二个法宝：乐观。

咒语：面对挫折，一笑而过。

幽默的大臣

纪晓岚是清朝乾隆时期的重臣，他才高八斗，说话幽默风趣，常常口吐“金句”，被后人传为美谈。

乾隆皇帝十分喜欢打趣纪晓岚。有一天，纪晓岚正在编撰《四库全书》，因为天气很热，纪晓岚光着膀子，不想乾隆皇帝突然造访！

光着身子见皇帝可是大不敬，眼看情况紧急，纪晓岚没有时间穿衣服，只好躲在桌子底下，装作自己不在家。他心想，乾隆皇帝见家里没人，就会离开。

谁知这一切全被乾隆看在眼里，他示意仆人不要说话，自己坐在椅子上，一点儿也没有要走的意思。

纪晓岚在桌子底下看不见外面的情况，桌子底下又闷又热，他热得大汗淋漓，实在受不了了。估摸着皇帝已经走了，他便朝仆人问道：“老头子走了没有？”

乾隆就等着纪晓岚上钩呢。听到这句话，乾隆哈哈大笑。纪晓岚知道自己露馅儿了，便赶紧出来下跪迎驾。

乾隆说：“你说朕是老头子？”

纪晓岚马上回答道："您是万岁爷，人活万岁就是'老'；您是皇帝，臣民的头领就是"头"；您又是上天之子，所以您是老头子。"

乾隆听了非常高兴。纪晓岚用幽默诙谐的语言巧妙地化解了危机，既让皇帝心里高兴，又使自己免了责罚。

当时，和珅担任尚书，是个大贪官。纪晓岚看不惯和珅的腐败作风，而和珅也看不惯纪晓岚的两袖清风，两人时常拌嘴。

有一次，和珅设宴请大臣们吃饭，纪晓岚作为侍郎也被邀请了。席间，和珅想捉弄纪晓岚，便命人牵来一只狗，问纪晓岚：“纪侍郎，请教一下，这只—— 是狼是狗？”

纪晓岚明白和珅在玩双关游戏，和珅的话取了谐音——侍郎是狗，这是在骂纪晓岚呢。

纪晓岚既不生气，也不慌张，他不紧不慢地回答道：“我教你一个好办法，看它的尾巴。下拖是狼，上竖（尚书）是狗。”

和珅没想到纪晓岚的反应如此之快，这下子轮到自己尴尬了，他想捉弄纪晓岚，反而被纪晓岚捉弄了。

纪晓岚的幽默不仅体现在言语上，更体现在他处理事务的方式上。他用机智幽默的方式巧妙安排，时常“四两拨千斤”地让皇帝更容易接受自己的建议。

有一次，乾隆带着纪晓岚南下微服私访，到了济南。

当地官员热情迎接，场面十分和谐愉快。乾隆看着这番太平盛世的景象，心里十分高兴，纪晓岚却看出了蹊跷。

晚宴开始，餐桌上摆的不是皇帝常吃的山珍海味，而是一桌子野菜，简直是“满桌绿”。乾隆脸色变了，大发雷霆。

纪晓岚忙跪下说：“臣罪该万死，在这里实在找不到好的食材，就连这些野菜也是臣费了好大劲才找来的。”

乾隆明白了纪晓岚话里的意思，知道此地经济情况不容乐观，他立刻派人去调查此事。

原来，济南刚遭遇了自然灾害，民不聊生，哀鸿遍野。之前太平盛世的景象，是官员为了讨乾隆开心，故意营造出来的。

乾隆立刻制定了相应的惠民政策，让灾民的生活得到了很大改善。

纪晓岚一生中说过好多风趣的话，做过很多趣事。他的幽默，不是小聪明，而是大智慧。

恰到好处的幽默

真正幽默的人，能让别人感到舒服。

黄渤演过很多喜剧角色，在现实生活中，他也是个很幽默的人。

他曾经做过一个主题为“幽默”的演讲，演讲题目是《谁会拒绝一个幽默的人》。

他的热场发言很机智。他说：“幽默是一个好事情，但它是跟尴尬相伴而生的，我经常会用幽默来解决碰到的尴尬，比如说现在没有掌声的问题。”

观众们被黄渤幽默的话语逗得哈哈大笑，场下掌声雷动。

黄渤的幽默可不是耍耍嘴皮子的三脚猫功夫，他的幽默可以把人逗笑，但他开玩笑从不过火，说话总是得体有度。这种幽默，是一种让人感到舒服的幽默。

一次座谈会上，黄渤作为代表与总理对话。

总理说：“黄渤同志，你的稿子我已经看过了，请你不用念稿子，直接提问题。”

黄渤笑着回答：“好的，我不念稿子。不过背台词是我的专业。”

会议室里响起了一片笑声，气氛顿时轻松起来。

玩笑归玩笑，紧接着，黄渤开始变得正经起来，他诚恳地给出了建议，希望国家加大对影视产业的支持，给影视创作更大的空间。

亲爱的男孩，真正的幽默不是取笑别人，也不是让别人成为笑料，而是能缓解尴尬气氛，让别人感到舒服。幽默是生活的润滑剂，让生活变得更加滋润有趣，让人与人之间的相处更加和谐愉快。

成长小魔棒

做爱笑男孩的第三个法宝：幽默。

咒语：幽默是智慧的光芒。

国王头顶的乌云

天空蓝蓝的，草地绿绿的，太阳高高地挂在天空。每个人的脸上都带着笑容，除了国王。

国王撑着一把伞，神情严肃，脸上一丝笑容也没有。咦，抬头一看，他的头顶上还有一片乌云。

这是怎么回事呢？

原来，国王登基二十年，每天兢兢业业，为了在臣民面前塑造出威严的形象，他强迫自己必须在他人面前摆出严肃的样子。

慢慢地，他不会笑了。

一天，不知从哪儿飘来一片乌云，“赖”在国王的头顶上不走了。

有一次，国王正在书房里看书，那片乌云突然劈下几道闪电，把他的胡子和桌子上的书一股脑儿全都烧掉了。

国王急忙跑去照镜子，结果，被镜子里的自己吓了一大跳。

哎呀呀，这可不行，没胡子的国王真是一点儿也不威严。

不仅不威严，还有一点儿可笑呢！

国王决定，要想办法把乌云赶跑。他发出了告示，表示谁能帮他把乌云赶跑，他就满足谁一个心愿。

巫师第一个揭下了告示，他相信自己一定能够驱散乌云。

巫师念出一段咒语，召来一股大风。风冲着乌云“呼呼”地吹呀吹，吹了整整一天一夜，可是，乌云就像粘在了国王的头顶上一样，一点儿都没动，倒是国王的头发被风搅成了一团。

第二个揭下告示的是一名剑士。他相信，自己一定能把乌云切碎。

剑士“唰唰”地挥舞宝剑，对着乌云横切竖劈了几百下。可是，宝剑

从乌云里穿过，乌云一点儿变化都没有。

后来，又来了许许多多的人尝试，可是，乌云还是紧紧地跟随着国王。

一个画师来到了皇宫里，他想出了一个“好办法”——把乌云变成白云！

画师拿起蘸满了白色颜料的画笔，仔仔细细地将乌云的每个角落都涂成白色的。

一朵白色的云出现了！

国王刚松了一口气，一滴白色的雨滴就落在了他的脸上。“滴答滴答”，白色的雨越落越快，不一会儿，就把国王染成了白色的，不知道的人一眼望去，准以为那是一个雪人哩。

唉，“乌云变身计”也失败了。

这可怎么办呢？顶着一团乌云，国王一点儿都不威严。

“唉，乌云呀乌云，你要怎样才肯离开呢？”国王长长地叹了口气。

小王子从花园里跑过来，他看到了乌云下愁眉苦脸的国王，突然觉得他的父王似乎没有往日那么可怕了。

他鼓起勇气，走了过去，对国王说：“父王，您可以和我一起玩捉迷藏吗？”

国王看着小王子饱含期待的双眼，把准备拒绝的话咽了回去，板起脸，严肃地点了点头。

游戏开始了。

小王子趴在大树的树干上，背对着国王数到了一百。

国王把自己藏得严严实实的，连衣服上一丝线头都没有露出来。

他得意地想，小王子保准找不到自己。

可是，小王子一下子出现在他的面前："找到您啦！"

国王惊讶极了，他藏得那么好，怎么那么快就被找出来了呢？

小王子"咯咯"地笑了起来，他指着国王头顶上的乌云，笑着说："是您头顶的乌云出卖了您。"

国王听了，忍不住"扑哧"笑出了声，他怎么把头顶上的乌云忘记了？

奇怪的事情发生了，随着"扑哧"一声笑，国王头顶的乌云竟然散开了。

原来，把乌云赶跑的法宝是笑声呀！

国王微笑着对小王子说："儿子，是你赶跑了我头顶的乌云，你有什么心愿吗？"

小王子笑了起来，他回答："我希望能够经常听到您的笑声。"

"满足你的愿望。"国王哈哈大笑着对小王子说，"这次捉迷藏不算数，我们再玩一次！"

成长点金术

改变命运的“实验”

人类确有一件有效武器，那就是笑。

——［美］马克·吐温

威廉·史坦哈是一个严肃的人，哪怕面对自己的妻子也很少露出笑容。

有一次，他参加一个培训班，被要求发表一篇有关“微笑”的演讲。为了更好地完成任务，史坦哈决定练习微笑。

接下来的一个星期里，他用微笑代替冷漠的表情，对遇到的每一个人微笑问好。

他发现，只要自己用微笑面对他人，他人也会报以微笑。更令他意外的是，即使是那些满腹牢骚的人，也会在自己的微笑中变得平和起来。

这个发现令史坦哈觉得十分惊喜，他忍不住将自己的体会告诉办公室的同事。

同事听完史坦哈的话后，笑着坦白道：“过去我认为您是一个非常沉闷、不好接近的人，直到最近才改变了自己的看法。微笑让您看起来变得平易近人了。”

微笑改变了史坦哈，让他的工作和生活都变得更加美好了。

亲爱的男孩，微笑是全世界共通的“语言”，具有非常神奇的力量。它能拉近人与人之间的距离，向他人传达自己的善意，还能为你带来好人缘哦。

当你面带微笑，好运便会随之而来。

成长小魔棒

做爱笑男孩的第四个法宝：学会微笑。

咒语：微笑是沟通心灵的金桥。

九百九十九块奶酪

这年，绵羊山上的杜鹃花随风飘荡，空气中弥漫着淡淡的香味，一切都是那么美好。

可是，绵羊们的心情却十分低沉。

几天前，一群凶狠的狼霸占了绵羊山的山尖。狼大王最喜欢吃绵羊们做的奶酪了，他下令，到了自己生日那天，绵羊们必须上贡九百九十九块奶酪，否则就剃光他们的毛。

绵羊们最引以为傲的就是自己身上那洁白的羊毛了，剃光？哦，那该会多难看！再说了，到了寒冷的冬天，绵羊们没有羊毛，还不活活冻成冰雕？

绵羊们愁眉苦脸地挤在一起，是呀，就算是让公羊们也产奶，那也凑不够九百九十九块奶酪呀。

愁着愁着，他们的羊毛一把把地掉，瞧瞧他们现在，个个愁成了大光头。

绵羊族长摸着自己的大光头，想了三天三夜，终于想出一个主意。

绵羊山外有甜品店，那里肯定有奶酪，把甜品店“搬”过来，九百九十九块奶酪不就有着落了吗？

于是，四只绵羊驾着热气球，把他们见到的第一家甜品店“搬”了回来。

可是，让绵羊们想不到的是，他们还“搬”来了甜品店的大马店长和顾客老鼠淘淘。而且，这甜品店里只有冰淇淋，压根儿没有奶酪。

绵羊们大眼瞪小眼，又皱起眉头开始烦恼了。

大马店长和老鼠淘淘一开始晕头转向，等弄清事情的来龙去脉后，他们实在太同情绵羊们了。

大马店长大方地把店里好吃的冰淇淋分给他们。绵羊们舔着甜滋滋的冰淇淋，暂时忘记了烦恼。

淘淘不知从哪儿找来了一顶尖顶帽扣在自己头上，拿着三个不同颜色的冰淇淋球耍了起来。结果，没耍两下，那三个球就糊在了他的额头上、脸蛋上和脚丫子上。

绵羊们一看，都被逗笑了。

“有烦恼，不要愁，笑一笑来解忧愁！”淘淘边说边跳起了踢腿舞，一旁的大马店长也跟着甩开膀子跳起了舞。

一只小绵羊没忍住，跟着他们跳了起来，接着，第二只，第三只……最后，所有绵羊都加入了进来。

绵羊们的眉头慢慢舒展开了，山上飘荡着银铃般的笑声，就连族长都笑了呢！

剃羊毛那烦心事，就这样被他们丢到脑后啦。

那天晚上，绵羊们在月光下哈哈大笑，痛快地跳着踢腿舞。看，月亮给每颗光头都抹了层银光，淘淘看着贼亮的光头，脑海里蹦出个好主意。

第二天中午，太阳明晃晃的，狼大王果然带着狼群出现在了山顶。

绵羊们把族长围在中间，高声唱道：“光头光头，烦恼不愁。你要奶酪，我有光头。”

狼大王正纳闷呢，只见绵羊们低下头，把光聚在族长的大光头上。阳光跳到小光头上，又跳到大光头上。

淘淘骑在大马店长的脖子上，手里拿着面旗帜不停地指挥。

终于，一束光射进狼王的眼睛里，他一下晃花了眼，脚底一软滚下了山坡，挂在了一棵歪脖子树上，吓得嗷嗷叫。

最后，狼群只好灰溜溜地逃走，再也不敢惹绵羊们了。

大马店长和淘淘离开时，族长给了他们很多奶酪，他乐呵呵地说：“甜品店怎么能没有奶酪呢！”

又是一年杜鹃花开的时节，大马店长收到了绵羊族长寄来的明信片。

明信片的正面是绵羊们的合影，他们顶着爆炸头大笑着，齐刷刷地露出了大白牙。

背面写了一句话：“烦恼全光光，头发变蓬蓬！”

正能量

拥有好心态，能让事情成功一半。

正能量可以抵消生活中的很多烦恼。生活中，不如意事十之八九。当我们遇到困难时，很容易受负能量的影响，变得消沉倦怠。但是，当你怀着积极的心态去面对它，你会发现所有困难都可以找到解决的办法，你的生活也处处充满了希望。

正能量还可以帮助你获得好人缘。坏情绪就像是一种传染病，很容易影响身边的朋友。和积极乐观的人相处，总能让你感受到满满的正能量，你会不由自主地想要靠近他们。相反，有的人身上总是带着满满的负能量，每天都愁眉苦脸，唉声叹气，试问谁会愿意和他们待在一起呢？

那么怎样让自己每天都充满正能量呢？

1. 保持乐观积极的良好心态。

2. 让微笑常伴自己。

3. 学会鼓励自己。

4. 多培养一些好习惯，摈弃坏习惯。

5. 给自己设立一个近期目标和远期目标。

亲爱的男孩，学会调节好自己的心态很重要，它能让你成为一个乐观向上，富有正能量的人。当你身处顺境时，正能量能放大你的快乐；当你被逆境所困扰时，正能量能减轻你的烦恼。请让正能量成为你生活中的一种常态吧！只有这样，幸福和快乐才会相伴你左右。

成长小魔棒

做爱笑男孩的第五个法宝：正能量。

咒语：乌云上面有晴空，风雨过后是彩虹。

圭多的美丽人生

1939 年，意大利正处于第二次世界大战的乌云笼罩下，人人惶惶不安。

一个善良、乐观的犹太少年——圭多，怀着对生活的向往，驾驶着一辆破旧的小车，从乡间来到了阿雷佐小镇。

初到小镇，圭多许下一个美好的心愿：他要开一家属于自己的书店，与世无争，安逸一生。

但是，纳粹的势力逐日壮大，圭多身体里流淌的犹太血统，让他开书店的申请屡次遭到拒绝，他的心愿一次次落空。

为生活所迫，圭多只好先找了份服务员的工作，但他并没有就此放弃开书店的打算，还一直坚持着递交申请。

一次偶然的机会，圭多邂逅了多拉，两人坠入爱河，走进了婚姻的殿堂。

婚后，好事情接踵而至。圭多开书店的申请总算通过了，他在街上开了家梦寐以求的书店。不久，他们还有了一个乖巧的儿子约叔华，一家三口过着幸福的生活。

但是，就在约叔华 5 岁生日这天，一群残暴的纳粹党人闯进了圭多家中。

纳粹党人强行将圭多和约叔华带往犹太人集中营。多拉不是犹太人，本可以逃过一劫，可她还是勇敢地跟了过去，与他们共患难。

集中营里，四处弥漫着死亡的气息。

为了不让约叔华幼小的心灵从此留下阴影，圭多编织了一个谎言。

他告诉约叔华，这其实是一场有趣的游戏，如果他能遵守游戏规则，等游戏计分累积到 1000 时，他就能赢得一辆真正的坦克！

约叔华对圭多的话深信不疑，为了得到心爱的坦克，他在这陌生的环境里克服了恐惧，忍住了饥饿。他按照圭多的指示，进行着“生死游戏”，躲过了数次危险。

在惨无人道的集中营里，圭多干着又脏又累的活儿，心中十分挂念关在女牢里的多拉。

有一次，他被安排到看守人的餐厅当侍者。

餐厅里有一台黑胶唱机，圭多趁机偷偷地更换了餐厅的唱片，把唱片换成了与多拉定情时的歌曲——《威尼斯船歌》。

接着，他把唱机的喇叭朝向窗外，唱片伴着唱针悠悠回转，悠扬的歌声传到多拉耳中。

他们面带微笑地聆听着歌曲，眼眶已是一片湿润。一曲罢了，他们心中感慨万分。他们一直盼望着、希冀着美丽的日子尽快到来。

就这样，他们在危险中不知度过了多长时日，终于盼来了纳粹战败的消息，但是纳粹党人却打算把所有人都杀死后再撤离集中营。

圭多让约叔华躲在铁柜里，并嘱咐他千万别出来，否则游戏一输，就得不到坦克了。之后，他只身跑去女牢，想救出多拉。

可就在半路，明晃晃的探照灯照到了圭多。很快，一个纳

粹士兵带着冷冰冰的枪支出现在他面前。

纳粹士兵挟持着圭多，路过约叔华躲藏的铁柜。约叔华透过缝隙，看见圭多正大步地迈着步子，调皮地朝自己眨着眼，暗示他不能出铁柜。

过了一会儿，“砰”的一声，枪声冲破天际，圭多惨死在了纳粹士兵的枪口下……

天亮后，阳光明媚，和平的日子到来了。

约叔华从铁柜里爬出来，站在院子里。他不知道圭多已经死去，但他看见不远处有一辆缓慢行驶的坦克，以为这就是游戏获胜的奖品。

最后，约叔华终于回到多拉的怀抱中，过上了新的生活。而圭多，却永远地活在他们心里。

带着希望出发

希望是美丽生活的源泉。

圭多一家三口的故事，出自意大利影片《美丽人生》。主人公圭多始终相信生活是美好的，就算死亡已经近在咫尺，他心中依然怀着希望。

亚历山大大帝说过："把财富分给别人，把希望留给自己。"

亚历山大一生东征西讨，在出发远征波斯之前，他做过这样一个匪夷所思的举动。

他将自己所有的财产尽数分给了大臣们。大臣皮尔蒂加斯十分惊讶，疑惑地问道："那么，陛下您要带什么启程呢？"

亚历山大大帝坐在王座上，一脸威严高傲。他碧蓝的双眸闪烁着光芒，自信地说："我只带一种财宝——希望。"

听到亚历山大大帝的回答，皮尔蒂加斯当下果断地谢绝了自己分得的财产，他忠诚地说："那让我也来分享它吧！"

就这样，亚历山大大帝带着"希望"，一路骁勇善战，最终征服了波斯。

亲爱的男孩，无论发生了什么，都不要让自己一味地沉浸在悲伤、绝望与愤怒之中，当你挺起胸膛，心怀希望，微笑地面对一切困境，乐观地迎接所有磨难，你一定能遇见生活中的美好。

请记住：希望是美丽生活的源泉。

成长小魔棒

做爱笑男孩的第六个法宝：心怀希望。

咒语：人生最可怕的破产就是丧失希望。

美丽的院子

阿辰有一对特别“没意思”的爸妈。

妈妈总爱说：“真没意思，每天总有干不完的家务活儿！”

爸爸老是说：“每天就是上班下班再上班，真没意思！”

下班后，妈妈在看电视剧，爸爸在玩手机，谁也不理谁。阿辰看着他俩，心里很不是滋味。

“你们天天过得这么没意思，还怪生活没意思！”阿辰像个鼓起的皮球，气儿特足。

爸爸惊讶地看了阿辰一眼，笑道：“大家不都是这么过的？还能怎么有意思？”

“生活就是柴米油盐，哪来那么多意思！”妈妈露出无奈的表情，紧接着她的目光又转移到了电视上，“哎，这个电视剧播到哪里了……”

阿辰无言以对，父母说得对，又似乎不对。

窗外飘进了一丝青草的味道，阿辰想到了小时候和父母一起出去玩的情景——绿油油的田野，金灿灿的油菜花，还有那叮咚叮咚的小溪……他好想再去一次啊！

阿辰走出了门，他回头往门里看了一眼，唉，妈妈还在看电视剧，爸爸还在玩手机。

他叹了口气，往前走着，离家越来越远。他走进了一条小巷。那长满青苔的石板路，横墙上一抹将尽未尽的斜阳，还有巷子里小贩的吆喝声，让他觉得心里快活了一些。

他继续往前走着，一道风景吸引了他的注意。巷尾有一簇簇金黄的千头菊，它们头挨着头，身子挨着身子，开得十分热烈，就连旁边的土墙都被染成了金灿灿的颜色。

阿辰看着这花，心里突然感觉暖暖的。

这时，一位中年大叔从旁边的院门走了出来。大叔面容和蔼，他问阿辰："孩子，你找谁呀？"

"我……我不找谁，就想来看看花，大叔，打扰了。"阿辰的脸有些红。

"不打紧，进来坐坐吧。"大叔很热情。

阿辰随大叔进了门。有那么一瞬间，他觉得自己进入了仙境。院子的角落里长满了一簇簇猫儿脸似的三色堇，旁边还长着一株株的鸢尾，风一吹，花儿晃动，像一只只迎风飞舞的蓝蝴蝶。最引人注目的是院子中央的几株三角梅，开成了一片红霞，把整个院子都点亮了。除了这些，院角还有几棵挂果的石榴树。

"这是我见过的最漂亮的家！"阿辰忍不住赞美道。

"我闲暇的时候，就养养花，看看书，泡泡茶，挺有意思！”大叔笑着说道。他从石榴树上摘了一个红彤彤的石榴，递到阿辰手上。

“唉，跟您相比，我们家过得真没意思……”阿辰叹了口气。

“现在的人，老抱怨没有幸福感，其实啊，是他们自己过得太粗糙了。事业需要经营，生活也需要经营啊！只要在细节上用用心，日子就会倍儿有趣。没有时间打理一座花园，总有时间种一株花吧？”说着，大叔拎起水壶，把那些花草挨个浇了一遍。

大叔一语点醒梦中人。阿辰突然明白了，拥有一颗热爱生活的真心，才能发现生活的乐趣，生活的乐趣就在身边，在细节里，在一朵花、一株草上。

阿辰的眼睛亮了，他跟大叔告别之后，一路飞奔回家，他有好多好多话要和爸爸妈妈说。

用心生活

对生活充满热情，才能活得多姿多彩。

一辈子太长，长得让你无从打发时间；一辈子又太短，短得让你来不及珍惜它。

每个人都只能活一次。有的人觉得生活千篇一律，没什么意思，他们把时间耗在看电视、刷手机上，日子也就在无聊中过去了；而有的人，他们对生活充满了热情，总是能找到生活中的乐趣，他们把时间用在阅读、饮茶、种花、旅游这样有意思的事情上，既有生活情趣，又能修身养性。

其实，在生活中，像阿辰爸爸妈妈这样的人不在少数。生活的琐碎已经磨蚀了他们对生活的热情，让他们的日子变得沉闷而无聊，这是对生活充满好奇的阿辰所无法忍受的。

阿辰走出家门后，遇上了一位热爱生活的大叔。大叔用心经营生活，把自己的院子打理成了“小花园”，这让阿辰深受触动。他从别人的生活中感受到了乐趣，也找到了父母无聊的症结所在。

亲爱的男孩，每个人都只拥有一次生命，请你一定要善待它。请记住，只有你善待生活的时候，生活才会善待你。只有你始终保持对生活的激情，才能从生活的平凡琐碎中挣脱出来，去创造属于自己的美丽世界。

成长小魔棒

做爱笑男孩的第七个法宝：热爱生活。

咒语：热爱生活，才能创造美好生活。

青蛙呱呱的梦

春风拂过平原，冰雪融化，绿意盎然，河水又发出了欢快的“叮咚”声。小动物们都在草地上手舞足蹈地迎接春天，只有青蛙呱呱蹲在池塘边，看着自己的影子唉声叹气。

一只苍蝇从他眼前飞过，呱呱敏捷地伸出舌头，一口将苍蝇吞下。可当他吃完了二十只苍蝇以后，他就发觉捉苍蝇一点儿意思也没有。“唉，每天除了游泳就是捉小虫，生活真闷啊！”他想。

就这样，呱呱每天都无精打采地蹲在池塘边发呆。

日子一天天过去，冬天悄然而至。寒风呼啸着，大片的雪花从天而降。其他青蛙早就哆哆嗦嗦地躲进树洞里冬眠了，唯独呱呱连对睡觉都提不起劲。这个冬天，他失眠喽！

这天，呱呱听见池塘边传来一阵欢快的笑声。他好奇地循着笑声走到池塘边一看，顿时被眼前的景象惊呆了！瞧，池水变成了厚厚的冰块。雪兔们正穿着“溜冰鞋”在冰上自由地转着圆圈。

这是呱呱第一次看见别人溜冰，他心里痒痒的，也想到冰上玩会儿。这时，雪兔琪琪看见呱呱孤零零地站在池塘边，热情地邀请呱呱一起玩。

一开始，呱呱在冰面上接连摔了好几个跟头。过了一会儿，在雪兔的帮助下，他总算可以和大家一起在冰面上欢快地溜冰啦。

这天，他玩得十分尽兴，直到天黑才依依不舍地回家。夜里，呱呱沉沉地睡着了，还做了一个好长好长的梦……

梦里，蓝天白云倒映在清澈的池水上。“扑通”一声，鸭子嘎嘎跳进水里游泳，溅起了一大片水花。嘎嘎还用脚丫子拍出各种形状的水花呢，有的像飞奔的骏马，有的像翩翩飞舞的蝴蝶……

呱呱看见这一幕，也跟着跳进水里，和嘎嘎比起了谁拍

的水花更厉害。“扑通”声此起彼伏，各种各样的水花从他俩脚下飞溅出来。哈，真好玩！原来游泳不仅仅只是枯燥的“蛙泳”呀！呱呱觉得自己爱上了“花样”游泳。

到了晚上，银白的月亮挂在天边，纺织娘迎着月光，伏在南瓜藤上轻轻地唱起歌来。轻柔的歌声飘到了呱呱耳边，真醉人呀！

呱呱蹦到一个小南瓜上，用舌头击打小南瓜。那声音像敲鼓一样“咚咚”作响，和纺织娘的歌声组合成悠扬的乐曲，像一股潺潺的细流在夜色中回旋。这感觉太美妙了！呱呱爱上了当一名伴奏师。

“滴答，滴答……”下雨了，雨水落在路边的鹅卵石上，好像在演奏着一支小舞曲。呱呱禁不住跟着清脆的节奏，踩着地面的雨水跳起了舞。他闭着眼睛旋转着，跳跃着，好像所有的烦恼都被甩到了脑后。他想，他爱上了这舞动的感觉。

呱呱记不清自己做了多长的梦，只知道，梦里的他特别快乐。他在梦里欢快地笑着，笑着，笑醒了。

这一觉醒来，已是第二年春天了。呱呱想起梦中那些事，嘴边还带着一丝笑呢。

从这天起，呱呱把梦里梦到的事挨个儿做了一遍。他比梦里还要快乐呢，再也没有时间抱怨生活无趣了。

爱好的益处

没有爱好的生活，就如同一道没有放调味品的菜，令人感到索然无味。

青蛙呱呱在没有找到自己的爱好之前，他的生活是无趣的，是丰富的爱好改变了他对生活的态度，为他的生活增添了新鲜的趣味。

我有一个朋友特别害怕独处，一旦空闲下来，他就觉得自己无所事事，特别无聊。因为他没有任何的兴趣爱好，生活对他而言只有枯燥乏味的工作、吃饭和睡觉。

他常常抱怨，浑身都是负能量，似乎已经不知道快乐到底是什么。我告诉他："如果你能在闲暇时间做一些自己喜欢的事情，那么快乐与满足自然会围绕着你。"

其实，生活中有许多事情都可以成为一个人的爱好。比如，运动、阅读、养花、看电影、旅游……这些爱好不仅能让生活变得多姿多彩，还能给我们带来无穷益处。运动可以锻炼身体，增强体质；阅读可以陶冶情操，丰富知识；养花可以体悟自然之美……

亲爱的男孩，爱好可以让一个人的灵魂熠熠生辉。它还可以带领你进入一个全新的世界中，给你带来一段愉悦的时光。聪明的人能把平凡的日子过得有滋有味。你的爱好是什么呢？请从现在开始，让这些爱好点燃你对生活的热情，丰富你的美好人生吧！

成长小魔棒

做爱笑男孩的第八个法宝：有爱好。

咒语：爱好让生活变得多姿多彩。

海葵和寄居蟹

阳光透过海水照在金灿灿的海底沙滩上，大叶藻在海水中扭动着纤细的腰，蓝色水母打着灯笼游来游去，鱼群转着圈儿耍着杂技，一切看起来都是那么欢乐。

并不是所有地方都这么热闹。在一块大岩石的背后，有一只孤单的小海葵，他是个流浪儿，逃难到了这里。小海葵之前生活的海域被石油污染了，他的身上沾满了密密麻麻的油斑，看起来丑极了。

小海葵没有地方住，他怯生生地问海蚌大叔：“请问，可以在您的蚌壳房子里借住一晚吗？”

海蚌大叔忙摆手：“不行！你身上的斑点太可怕了，我有密集恐惧症！”

小海葵难过地缩到岩石后面。饿了，他就啃啃沙子；困了，他就躺在硬硬的岩石上睡觉。沙子不好吃，岩石也冷冰冰的。

这时，一个关切的声音在小海葵耳边响起：“小海葵，你怎么睡在石头上？”

小海葵抬起头，看到一只寄居蟹。寄居蟹住在一个红红的大海螺里，他的房子可真漂亮啊！

“我……我没有地方住。”小海葵难为情地说。

“你来我的房子里住吧！我正愁没人和我聊天呢！”寄居蟹爽快地说。

小海葵游进了寄居蟹的红海螺里，红海螺里可暖和了，里面还有螺旋藻铺成的垫子，垫子真软、真舒服啊！小海葵趴在垫子上，很快就睡着了，他好久都没有睡得这么香甜了。

醒来后，小海葵发现他的眼前摆了一大堆好吃的：有翠绿的海带，鲜亮的紫菜，红红的毛毛菜，还有他最爱吃的海葡萄。

“谢谢你！寄居蟹，你太好了！我真不知道该怎么报答你……”小海葵感激地说。

寄居蟹忙摆摆手：“别客气！”

小海葵和寄居蟹成了好朋友。每天，他们在海里到处游玩，寄居蟹还告诉小海葵哪里的海草最好吃，哪里的海水最温暖。

一天，小海葵和寄居蟹正在海草丛里玩耍，突然，一个巨大的黑影从海草丛中蹿了出来！啊，是一只可怕的大章鱼！

大章鱼盯着寄居蟹，流出了口水：“好肥的蟹！你看起来很好吃！”

“不好！章鱼是我们寄居蟹的天敌！”寄居蟹尖叫道。

大章鱼挥舞着触手，猛地抓住了红海螺房子，他疯狂地甩红海螺，想要把寄居蟹甩出来，无奈寄居蟹躲在里面一动不动。

大章鱼又生一计，他将尖尖细细的触手伸进海螺里，把寄居蟹硬生生地拽了出来！

寄居蟹吓得浑身瘫软，大章鱼正准备把他往嘴里塞的时候，小海葵毫不犹豫地冲了上去，他一把推开寄居蟹，章鱼生气了，抓起这个冒失鬼就塞进自己嘴里。

“小海葵！小海葵！”寄居蟹焦急地大叫。

没有人回答。

大章鱼突然一阵抽搐，他扭动着触手，翻滚着，海水被搅得一片浑浊，他挣扎着往海洋深处逃去，很快没了踪影。

朦朦胧胧之中，一个身影朝寄居蟹游了过来。啊，是小海葵！

寄居蟹正伤心呢，看到小海葵，他又惊又喜地问：“你没事吧？”

“我好着呢。我们海葵遇到危险时会分泌一种‘毒液’，可以赶跑敌人，这是我第一次用到这招儿，很酷吧？”

“你真厉害！谢谢你救了我。”寄居蟹感激地说。

“谢谢你收留我，谢谢你给我好吃的，谢谢你带我玩……我还要谢谢你很多很多。”小海葵紧紧抱住寄居蟹。

大叶藻在海水中扭动着纤细的腰，蓝色水母打着灯笼游来游去，鱼群转着圈儿耍着杂技，寄居蟹和海葵手拉着手跳舞，一切看起来都是那么欢乐。

老鼠的报恩

心怀感恩之人，心中充满了阳光。

森林里有一头强壮的大象，他体形庞大，四肢有力，看上去十分威武。一天，他在森林里闲逛，听到远处传来一阵呼救声。

大象急忙跑过去，发现一只老鼠掉进了陷阱里。陷阱很深，陷阱壁光滑，老鼠一次次往上爬，却一次次摔到陷阱底，看上去十分可怜。善良的大象伸出长鼻子把老鼠救了上来。

老鼠获救后，感激地说："谢谢你！我以后一定要报答你！"

大象笑着走开了。

过了几天，大象不小心被猎人布下的网困住了，大象怎么挣扎都不能脱身，他害怕极了。

这时，老鼠出现在大象面前，他还带来了一大群老鼠，他们齐心协力地把网咬出一个大洞，大象获救了。

在生活中，很多人都帮过我们，这份帮助可以是口渴时别人递上的一杯水，是饥饿时别人给你的一块面包，是下雨时别人分享的一把雨伞……这些帮助或大或小，都是如此真挚。

亲爱的男孩，感恩是生活的智慧，是获得幸福的源泉。我们不仅要对陌生人的帮助报以感激，更应该感激身边的亲人和朋友。是父母给了我们生命，抚养我们长大，是好朋友一直在身边关心和照顾我们……是他们成就了现在的我们。请感恩生命中所有的遇见，让生命散发出爱的芬芳。

成长小魔棒

做爱笑男孩的第九个法宝：懂得感恩。

咒语：心存感激的人，整个世界都是光明的。

被困在山顶的精灵

在无垠的海面上，漂着一只小小的帆船。

帆船上站着一位少年，他叫星河。星河喜欢在大海上漂流，喜欢冒险和探索世界。

忽地，一排巨浪砸向了星河的小船，小船翻了，星河也被浪打晕了。

等到星河醒来时，他发现自己正躺在一个小岛上。星河被眼前的景象惊住了——小岛上草木枯萎，溪流枯竭，一片荒凉。

前方有条上山的小路，星河沿着小路走着，走进了坐落在山腰的一座村庄。

这个村庄里的居民很奇怪，他们全都板着脸，一副不高兴的样子，这里处处充满了抱怨声。

丈夫埋怨妻子唠叨，妻子埋怨丈夫手笨；婆婆埋怨儿媳粗心，儿媳埋怨婆婆刁钻；哥哥埋怨弟弟愚笨，弟弟埋怨哥哥自私……

星河痛苦地捂住了耳朵，这些抱怨声实在太刺耳了，比乌鸦的叫声还要难听！星河真受不了这个村子，他打算继续上山，在山顶看看这个岛的地理位置，方便再次出航。

这时，一位老爷爷拉住了星河："年轻人，不要再往山顶走了！"

"这是为什么？"星河感觉很奇怪。

"几个月前，山顶来了个妖怪，黑乎乎的，长得可怕极了，村里的人都不敢去那儿。自从那妖怪来了之后，草木就枯萎了，溪流也枯竭了。"老爷爷叹了口气，继续说道，"现在，我们只能喝雨水，吃以前的存粮……说到这事，我想起来我那笨手笨脚的儿子刚才失手打翻了一桶水，这没长眼的东西……"

唉，老爷爷又开始抱怨了。星河赶紧"逃"开了。他想去山顶瞧一瞧，看看到底是什么妖怪在作乱。

星河继续向前走着，走进了山尖的一片密林。密林里有处洞穴，洞穴里冒出团团黑烟。

星河壮着胆走了进去，只见洞穴的尽头有个黑乎乎的团子，身上冒出一团团可怕的黑烟。

"这就是村里人口中的妖怪吧。"星河想。他屏住呼吸，向着黑团子走近了一点。令星河惊讶的是，黑团子居然在哭。

黑团子发现了星河，吃了一惊。

"你就是村里人说的妖怪？"星河惊讶地问。

黑团子有些生气了，他大声叫道："我才不是什么妖怪！我是草木精灵！那村子里的人整天抱怨，抱怨声凝成了一团黑烟，把我困在了这里。”

被困住的草木精灵无法再照料岛上的花草，岛上的植物便也跟着枯萎了。

原来是这样！星河继续问道：“既然大家误会了你，你为什么不和他们说清楚呢？”

“我想找他们说理，可是，他们还没见到我就吓坏了，根本没有人听我说话。今天可算有个人敢跟我说话了！”黑团子的声音很委屈。

星河下了山，把事情的原委告诉了村里人。

“从现在开始，当你们想抱怨的时候，就用赞美的话代替。我保证，不久，小岛就会重焕生机。”星河对村里人说。

村里人半信半疑，但又没人敢去山顶寻个究竟。他们想，反正也没别的办法，不

如听星河的话，试试看。

一开始，还是有不少人在抱怨，星河听到了就马上提醒，他还让大家互相监督。

因为得到了别人的赞美，每个人心里都美滋滋的，慢慢地大家就不爱抱怨了。虽然小岛依然荒芜，村民们的心头却开满了花朵，长出了绿叶。

一个阳光融融的下午，黑团子飞到上空，他身上的黑烟渐渐消散，一个头戴绿叶的小精灵出现在人们眼前。

小精灵挥了挥手。一瞬间，万物生长，绿意爬上了树木的枝头，盖满了光秃秃的大地，荒山变成了青山，荒岛变成了绿岛。百鸟在枝头鸣唱，山泉汩汩地冒了出来，似乎在为这一切欢歌。

村里人为了感谢星河，为他造了一艘船。星河驾驶着新船，又开始了他的旅程。

爱抱怨的徒弟

当你想抱怨的时候，就把你的心态放宽些。

有个师父，他的徒弟老是抱怨个不停。师父很厌烦徒弟的抱怨，一直想找个机会和徒弟谈一谈。

一天，师父把徒弟叫到身边，往一杯水里撒了一些盐，让徒弟喝下去。

“味道如何？”师父问徒弟。

“太咸了！”徒弟吐出了水，皱着眉头回答。

师父笑了，带上与刚才相同分量的盐，让徒弟和自己一同去湖边走走。

到了湖边，师父把手中的盐撒到湖水里，对徒弟说：“你尝尝湖水。”

徒弟觉得奇怪，但还是照着师父的话做了。

“味道还咸吗？”师父问徒弟。

徒弟摇摇头，不知师父在搞什么名堂。

师父握着徒弟的手，语重心长地说：“人生不如意的事情，就好比这盐，只有这么多。如果你的心胸像杯子那么点大，你就会感到很痛苦；但如果你的心胸像湖那么宽阔，你就会感到释然。”

亲爱的男孩，当你遇到不顺心的事时，请不要先忙着抱怨。抱怨会增加一个人的负能量，负能量多了，你会觉得自己干什么都提不起劲。办法总比困难多，你与其抱怨，不如去寻找解决办法，只有把心态放宽些，我们才能做出正确的选择。

成长小魔棒

做爱笑男孩的第十个法宝：不要抱怨。

咒语：抱怨的人永远看不到阳光。

神秘的朋友

木狸是一只住在蘑菇屋的小狐狸，他和妈妈相依为命。

“木狸，该去学校了！”妈妈催促道。

木狸背起书包上了西瓜校车，一张小脸跟苦瓜一样皱巴巴的。他想起昨天上课的情景。松鼠老师让他站起来回答问题，木狸老半天才吐出一句话：“老师，您能再重复一下问题吗？”

唉，他的反应总是要比别人迟钝。

“同学们嘲笑我，老师也看不起我，就连妈妈也觉得我是个笨小孩。”木狸难过极了，“为什么我一出生就比别人笨？”

木狸越来越自闭，他不愿意跟任何人说话，包括妈妈。

奇怪的是，这个星期天的早晨，木狸去森林信箱取报纸时，发现里面夹着一封给自己的信。

到底是谁寄来的信呢？信封上面没有写寄信地址，也没有贴邮票，木狸疑惑地把信拿进了房间，打开了它——

亲爱的木狸：

我留意你很久啦，我觉得你是一只很特别的小狐狸，我想要跟你成为好朋友。

最近，我发现你挺不开心的，有什么烦心事儿可以告诉我吗？对啦，回信请放在森林邮箱里，邮票也不用贴啦，我会自己来取的。

附：信封里的花儿是我送给你的礼物，愿你每天都笑嘻嘻的。

你的朋友　小花狸

竟然有人想跟他成为好朋友？木狸有点激动。他闻了闻手中的紫罗兰花，露出了一丝久违的笑容。

木狸很快给小花狸写了回信。他激动地一口气把好多好多烦心事儿都写在了信里，还特别强调了“自己是别人眼中的笨小孩”这个令人沮丧的事实。

木狸把信叠好，仔细地放在衣兜里，现在他要去买个信封，然后把它投入森林信箱。

星期一早晨，木狸收到了小花狸的回信。

小花狸表示很理解木狸的心情，但她仍旧喜欢跟他做朋友。小花狸在信中写道：

“瞧！你在信里把自己的烦恼说得多么清楚呀，你一点儿都不笨！木狸，我知道你会做得比别人好，我相信我的朋友！”

……

妈妈在门外催木狸上学了，木狸赶紧把信藏进书包。

小花狸的话还在他脑海里回荡着。

“可不能让小花狸失望呀！”木狸想。

“丁零零”，学校的上课铃响了，木狸坐得端端正正的。今天，他比任何时候都更认真地听松鼠老师讲课，还把不懂的地方都记了下来，课后向班上最聪明的浣熊请教。第二节课时，木狸鼓足勇气举起手，回答出了老师的问题。

同学们向木狸投来赞许的目光，连松鼠老师也夸了木狸。

放学一到家，木狸就迫不及待地写起信来，他开心地跟小花狸分享了自己今天的故事。

“木狸，你真棒！你看我说得没错吧！”小花狸回信说。

晚饭后，木狸回房间复习了今天的上课笔记，又预习了明天的功课。明天，他还要积极发言呢！

小花狸说得对，他木狸可一点儿也不比别人笨！

第二天，第三天，第四天……木狸每天早晨都会收到小花狸的鼓励信。

“早上好！”这天，吃早餐时，木狸竟然主动跟妈妈打招呼了。妈妈一愣，随即也露出了微笑。

亲爱的木狸：

你今天过得开心吗？……

睡前，木狸妈妈正在灯下给木狸写着信。

原来，小花狸就是木狸妈妈。

夜晚静悄悄的，木狸妈妈放下笔，轻轻地关上橘子台灯睡着了，她的脸上露出了甜甜的微笑。

一块胎记

相信自己才有勇气去追求未来。

迪乐的眼角上长着一块胎记，这让他很自卑。

学校里举办了一次歌唱大赛，迪乐很想去参加，他有一副好嗓子，可是，他觉得自己的胎记太丑了，不敢迈出第一步。

爸妈看出了迪乐的心思，偷偷给儿子报了名。他们把迪乐在家哼唱的歌声做成了录音带，寄给了歌唱评选团。

迪乐入选了。比赛那天，他戴着半边面具走上了舞台。

观众们很喜欢迪乐的歌声，很希望能看看迪乐的真面目。

迪乐抱着被大家嘲笑的心态，摘下了面具。没想到，大家不但没有嘲讽他，还为他打气："迪乐，其实外貌并不重要，我们喜欢的是你的歌声，加油！"

"要相信自己！你是最棒的！"大家纷纷支持迪乐。

在接下来的比赛中，迪乐再也没有戴过面具，因为他知道——只有充满自信才能把最美的自己展示给别人。

亲爱的男孩，每个人或多或少都会有天生存在的弱势。如果你放大这些缺点，就会被消极的情绪所包围；如果你忽略那些瑕疵，就会更加自信和乐观。

自信心是魔法师的魔棒，有了它，能让我们浑身散发光彩，也能让那些原本黯淡的日子变得闪闪发亮。

成长小魔棒

做爱笑男孩的第十一个法宝：自信。

咒语：天生我材必有用。

小章鱼北北

小章鱼北北是个流浪儿，谁也不知道他是从哪个海域漂过来的，因为他是从北面来的，所以大家就叫他“北北”。

北北没有父母，海里的动物们经常拿他寻开心。

一天，北北肚子饿了，他悄悄地游到鱼群附近，瞄准一条小鱼，“咻”的一下，伸出触手！

他揪住了小鱼的一小段尾巴，小鱼灵活地扭着身子，从他手里溜走了。

北北叹了口气，正打算换个地方抓鱼，突然，不远处的石头缝里传来一阵笑声：“哈哈哈，瞧瞧你那软绵绵的样子，一点儿男子气概都没有！”

北北顺着声音望去，只见一只小青蟹捂着肚子，笑得冒出一串泡泡。

这时，一群小鱼从小青蟹面前游过，小青蟹迅速地伸出蟹钳，“唰唰”两下子，就夹住了两条小鱼。他把鱼扔进嘴里，得意地说：“看，这才是真正的男子汉！”

小青蟹说完，耀武扬威地横着爬走了。

“这是第 97 个笑话我的人了，我真的那么软吗？”北北伸出软软的触手，仔细地端详起来。

几只剑鱼路过，带动周围的水波，北北的触手随着水流，一晃一晃的。

“果然好软。”北北叹了口气，“要怎样才能像个男子汉呢？”他坐在原地，想了好久好久，肚子都饿瘪了，还没想到办法。

“我都睡好几觉了，你怎么还在这里？”一个声音打断了北北的思路。

北北低头一看，原来是一只海螺。

“我在想，要怎样才能让自己变得更强壮。”北北回答道。

海螺打了个哈欠，懒洋洋地瞥了北北一眼，说：“别想啦，去问问海龟爷爷，他什么都知道。”

对啊，他怎么没想到海龟爷爷！北北一下忘记了饥饿，兴冲冲地跑到老海龟住的地方，把自己的烦恼告诉了老海龟。

“孩子，我给你讲个故事。”海龟摸了摸北北的小脑袋，慢悠悠地说了起来，“传说，很久以前，海底出现一个强者，大家都叫他北海巨妖。北海巨妖的体形庞大，他张开大嘴，使劲儿吸气，就能制造出一个漩涡；用力吹一口气，就能掀起一场海啸……”

北北听得入了神，他忍不住说：“如果我也能像北海巨妖一样强壮，那该多好啊！”

老 海 龟 笑 了 起 来：“你来猜猜，北海巨妖是什么动物呢？”

“是鲸鱼！”老海龟刚说完，北北就说出了答案。

“不对，”老海龟摇了摇头，“是章鱼。北海巨妖和你一样，浑身软软的，但他没有去和别人硬碰硬，而是不断地发掘自己的长处，最终成为海中霸主，连鲸鱼和鲨鱼都不敢招惹他。”

“发掘自己的长处？”北北一下得到了启发，“对啊，我为什么要去和别人比硬呢？我的触手虽然软，可特别灵活，触手

上还有许多吸盘，它们说不定可以帮助我抓住猎物呢。”

北北开始锻炼触手的灵活性，没过多久，他就可以利用自己的触手抓鱼了。随着时间的推移，他的触手变得越来越灵活，捕捉猎物的速度也越来越快，他的八条触手可以同时抓住八个猎物，比小青蟹还要厉害！

现在，没有人再敢嘲笑北北了，因为他已经是一个“捕猎能手”了！

最美的自己

每个人都会有缺陷，就像被上帝咬过的苹果，有的人缺陷比较大，正是因为上帝特别喜欢他的芬芳。

——［俄］列夫·托尔斯泰

编号077的机器人有个烦恼，他只有一个指甲盖那么大。他看其他的机器人都被买走，忍不住叹了口气，他多么希望也有人类看中他，把他买走啊！

他长得那么小，能做什么呢？

一天，一只玩偶熊的纽扣滚到柜子底下的缝隙里，077看到了，立马钻到柜子底下，把它捡了出来。玩偶熊感激地说道：“多亏有你，不然我的纽扣就丢了。”

077这才发现，个子小并不是他的缺陷，而是他的长处呀！

他的身材瘦小，方便携带储藏。把他夹在书里，就是书签；挂在衬衣上，就是纽扣；他还能钻到缝隙里……这些事情，都是“高个子”做不到的呢！

这不，才过了几天，他就被一个精密仪器维修大师买走了。

亲爱的男孩，你是否有“自己不完美”的想法呢？如果你能通过自身的努力，改善这些让你不满意的缺点，你就会觉得很有成就感。但如果这是你身上一个无法被改变的事实，我希望你能坦然地接受它。因为，你只有接纳自己的不完美，才能更愉快地拥抱这个世界，并让这个世界愉快地接纳你。

成长小魔棒

做爱笑男孩的第十二个法宝：接纳自己。

咒语：接纳自己就接纳了世界。

狗尾巴草

晨光洒落在乡间的一条羊肠小道上，小路瞬间变得亮堂起来，路边的野花和野草刚吸饱露珠，打了个嗝儿，这会儿又眯着眼晒起了太阳。

春天是个百花齐放的季节，野花儿们当然不甘落后。小道上，白色的小旋花打着卷边儿，就像亭亭玉立的少女穿着雪白的裙子；紫色的矮牵牛，嘟着小嘴，宛若一个个小喇叭；小野菊的黄花瓣紧紧地拥抱着白花蕊，一簇簇，一丛丛，就像坠落凡间的小星星。还有一些不知名的野花，红的似火焰，橙的像晚霞……

在这五颜六色的花朵中，有一小片不起眼的狗尾巴草，他们顶着一条长长的粗糙的毛尾巴，瘦弱的枝干上只有两片可怜巴巴的叶子衬着。

微风吹来，空气中隐约能听到小旋花的嘲笑声："瞧，那些像绿色毛毛虫一样的家伙可真难看，简直拉低了我们整体的颜值。"

矮牵牛也在花丛中窃窃私语："可怜巴巴的家伙，长得跟营养不良似的！”

野菊花笑得腮帮子都疼了：“这么丑陋的家伙，还是趁早枯萎吧！”

野花儿们都觉得自己很不一般，他们可是春天里最美的使者，也是万物中最受欢迎的宠儿。

很快，蝴蝶们就闻到了花香，用力地扇着翅膀飞了过来，他们经过狗尾巴草时，嫌弃地看了一眼，然后转了个身，向花丛飞了过去。

在这生机勃勃的春天里，万物似乎都得到了大自然的恩泽，只有狗尾巴草在风中单调地摇曳着一条条绿色的、粗糙的毛尾巴。

可狗尾巴草才不理会这些呢。虽然他们没有花儿的俏脸，也没有蝴蝶斑斓的翅膀，连蚂蚁都不屑与他们为伍，但是他们仍旧很快乐。

他们每天仍旧努力地向上生长着，铆足了劲儿吸收甘甜的露水，晒着温暖的阳光，汲取着地底下的养料。没事儿的时候，他们就看看蓝天与白云嬉戏，听听来自微风中的歌声，累了就在花丛中打个盹儿。

夏天来了，天气开始变得有些暴躁，雨水时不时地冲刷着地面。而这天，迎来了整个夏季中最大的一场雨。

乌云黑压压的，刹那间，狂风四起，刺目的白光划破天际，紧接着是一阵轰隆隆的雷声。没过一会儿，雨点就“噼噼啪啪”地落了下来。

在狂风暴雨中，花儿们都晕了，东一头，西一头地歪着身子乱颤，他们哆哆嗦嗦地祈求着风雨赶紧过去。只有狗尾巴草，像一个个风雨中的勇士，他们的茎秆有足够的韧性抵抗风雨的侵袭。他们点头向狂风打了个招呼，张开双臂在雨中快乐地舞蹈起来，还情不自禁地唱起了歌。

次日，天空放晴了。羊肠小路上落了一地的花瓣，矮牵牛的花枝上只剩下皱巴巴的两朵花，而小野菊和小旋花的花瓣被昨日的风雨摧残殆尽。再瞧瞧那片狗尾巴草，他们被雨水洗刷一新，显得特别精神！

渐渐地，那些被风雨摧残的花瓣成了地上的花泥，为狗尾巴草提供了生长的养料。这不，才初秋，狗尾巴草就已经结出了成千上万颗草籽。草籽随着风儿去远方旅行，有的落在山间，有的落在小路旁，有的落在花丛中……可不管落在哪儿，它们都能茁壮地成长。

爱的诗篇

不要让他人的眼光，左右自己的生活。

爱伦·坡在3岁时就失去了双亲，一位好心的商人收养了他，并供他上学。

爱伦·坡的心思并没有放在学业上，他对诗歌充满了兴趣。

他每天吃饭也写，睡前也写，上学也写。他在美国西点军校读书时，还因为写诗屡次耽误了操练，最后被学校开除。

养父十分不理解爱伦·坡对诗歌的痴迷，为此经常大动肝火，骂他“白痴”“没出息”，可爱伦·坡却一点儿也不在意，依旧写他的诗歌。

后来，爱伦·坡结婚了。他的生活过得十分贫困，甚至连妻子病了，他都请不起医生。身边的人都指责爱伦·坡：“你连妻子都照顾不了，还写什么诗！”还骂他是“穷鬼”“疯子”。

他人的责骂和讥讽并没有让爱伦·坡打退堂鼓，他每天都在更加努力地创作，他渴望通过手中的笔，让自己和妻子过上更好的生活。

在爱伦·坡穷困潦倒的最后几年，他最终写出了传世之作《乌鸦》，这是对他坚持多年的最好的嘉奖。

生活中总少不了面对别人的眼光，无论你做什么决定、什么选择，总会有人站出来反对你。亲爱的男孩，请记住，不要被别人的眼光左右自己的生活，做自己认定的事，你的生活才会有无限的可能。

成长小魔棒

做爱笑男孩的第十三个法宝：不在意他人的眼光。

咒语：走自己的路，让别人说去吧。

大将军卖油

大将军陈澄贪污受贿，被贬为庶民了。

“听说了吗？大将军贪污受贿，被贬了。”

“据说是得罪了小王爷，皇帝找个借口收拾他呢！”

“瞎说，明明是公主看上了骁勇善战的大将军，但大将军心有所属……”

“嘘，小声点儿，大将军来了。”

陈澄慢悠悠地走到集市上，肩上的担子挑得稳稳的，他走到一处没人的空位，将担子放到地上，就吆喝开了：“卖油喽，新鲜的菜籽油喽……”

周围一下子安静了下来，车马声、还价声、窃窃私语声全都消失了，市场上回荡着陈澄中气十足的吆喝：“卖油喽……”

大将军成了卖油翁，这可是闻所未闻哪！

这时，一个穿着华服的公子停在陈澄的摊子前，他眯着眼，上下打量着陈澄，不屑道：“呸，百步穿杨的大将军有什么用，现在还不是变成了卖油翁。”

陈澄抬头一看，这不是太史家的小公子吗？前阵子，这人还拿着价值连城的书画来到大将军府，请他帮忙，最后被客气地请出了家门。

陈澄笑道："射箭和卖油，有什么区别吗？一个是把箭射

到靶子上，一个是把油倒入油罐子里。卖油翁也是很厉害的嘛。”说着，他把油一滴不漏地倒入一个细口油罐里。

围观的人们看了，纷纷叫起好来。可不是，卖油也是个技术活儿！

小公子一甩袖子，气呼呼地走了。

经过这场闹剧，大家都觉得大将军很亲切，不一会儿，陈澄就迎来了他的第一个客人，接着是第二个，第三个……

傍晚，集市散了。

第一天到集市上摆摊，就把油全都卖完了，陈澄心情很好。他一路哼着歌回家。

刚到家门口，他就看到曾经的副将阿雷正等着他。

“将军！”阿雷看到陈澄回来，急忙赶上前，伸手去抢陈澄的担子，“让我来吧，您怎么能干这种粗活儿呢？”

陈澄把担子往边上一偏，避开了阿雷。

“怎么干不了？以前在军营里训练的时候，可比现在累多了。”他笑着拍了拍阿雷的肩膀说，“走，带你参观参观我的新家。”

阿雷走进门一看，院子中央只有两间小小的茅草房，茅草房边上搭了一个顶棚，就算作厨房。其余的地方，全都被种上了各种蔬菜、水果。

这里住的可是保家卫国，立下赫赫战功的护国大将军啊！如今却被奸人所害，沦落到这样的境地！

“将军，您怎么能住在这种地方……”阿雷的眼眶泛红，后面的话说不下去了。

“你还嫌弃我的新家啊？”陈澄笑道，“有瓦片遮雨，有墙挡风，行军打仗的时候，能有这条件？况且，你也别小看这些农活儿，种菜、挑水、砍柴，哪样都不简单。”

说着，他撸起袖子，向阿雷展示自己的肌肉，开心地表示，自己的这个状态随时能再上战场！

大将军就这样白天到集市摆摊、回家种菜，晚上在院子里打打拳、会会朋友，日子过得好不舒坦。

终于有一天，陈澄恢复了官职，他从卖油翁变回了人人敬仰的大将军。

一天，陈澄在郊外救下一个被匪徒抢劫的人。一看，这不就是太史家的小公子吗？

小公子不解地问：“我得罪过你，你为何还要帮我？”

陈澄听后，开玩笑道：“大将军可是很忙的，不记得这些小事。”

这句话不知道怎么就传了出去，从此，陈澄又多了一个心胸宽广的美名。

罗斯福的回信

不要为令人不快的区区琐事而心烦意乱，悲观失望。

——[美]本杰明·富兰克林

豁达是一种特别难得的心态。一个豁达的人，面对再大的困难，都能用一种轻松乐观的态度去面对。如果你拥有了豁达的心态，就拥有了获得幸福的秘诀。

曾经担任过美国总统的罗斯福是一个天性乐观豁达的人。

有一次，他家里失窃，朋友听说了这件事，急忙写了一封信来安慰他。

罗斯福收到信后，给朋友回了一封信，信上写着："亲爱的朋友，非常感谢你的关心。我现在很安全，并且仍旧感谢生活。因为，第一，贼虽然偷走了我的东西，但并没有伤害我；第二，他只偷走了我的部分东西，而

不是全部；第三，做贼的人是他，而不是我。”

罗斯福家里的东西被偷了，他不仅没有感到愤怒、不平，反而感恩生活，他从失窃这件事里，看到的不是损失的财物，而是现在拥有的幸福。

亲爱的男孩，生活并不总是一帆风顺。遇到不幸的时候，如果你选择一味地抱怨，生活就会变得苦涩；如果你选择以豁达的心态去面对，生活就会变得轻松起来。

成长小魔棒

做爱笑男孩的第十四个法宝：豁达。

咒语：用心计较般般错，退步思量事事宽。

沙漠之舟

在沙漠的一个驿站棚里，有一只母骆驼正在产崽。

这时，沙漠里突然狂风大作，驿站上的布条被吹得呼呼作响，一场沙尘暴席卷而来。沙尘暴很快吞噬了驿站，所有的骆驼和商贾在顷刻间都被沙尘暴卷走，不知所终。

沙漠的尽头是一片森林，待产的母骆驼很幸运地被吹到了森林的边缘，她用尽全身力气生下小骆驼后就去世了。

大象妈妈正在附近觅食，她发现了奄奄一息的小骆驼，小心地用鼻子把他卷着带回了家。

大象群里出了个骆驼，这可是件新鲜事，大家还从来没见过这种动物呢。消息很快传遍了整个森林，大家都争着要来看骆驼。

小骆驼的头和腿像马，脖子却像鸭子一样向前伸，最奇怪的是背上还有“小山峰”，模样实在是有点丑。

“还以为是什么稀奇宝贝，原来竟是个丑八怪！”瞧了半天，森林里的动物们一个个都失望地回去了。

小骆驼渐渐长大了，可他越来越自卑。

他没有大象那样长长的鼻子和漂亮的耳朵；他更没有马儿般优美的身体曲线；他甚至比不过一只猴子，因为猴子拥有灵活的四肢，他们可以在树枝间跳来跳去，多么欢快自由呀！而他，是个背着“小山峰”的怪物。

还有一件更怪的事，作为男孩，他竟然长着长长的睫毛，为此，他不知被别的伙伴们嘲笑了多少次。

骆驼觉得自己一无是处，决定离开森林。

大象妈妈说：“孩子，当初我是在森林尽头找到你的，你可以去那儿碰碰运气！不过你要小心，沙漠里风沙很大，而且很干燥。”

骆驼喝足了水，吃饱了灌木枝，背上还驮了一把干草和一个大水壶，就独自上路了。

沙漠的风沙真大呀！不过骆驼浓密的长睫毛，阻挡了风沙进入眼睛。风沙又来摩擦他的皮肤，骆驼用他的又长又密的毛发与风沙对抗。

这时，骆驼才发现自己原来有这么多优点。沙漠很热，可他的厚毛发不仅可以反射阳光，还能帮助他隔热。他背上的"小山峰"，原来就是给自己装水用的呀！这样，他可以好长时间都不喝水。

一个阿拉伯人挡住了骆驼的去路。他由衷地赞叹道："这真是我见过的最美的骆驼！"

阿拉伯人围着骆驼转了一圈，打量着他厚厚的皮毛和那座高挺的"山峰"，说："我敢打赌，你一定会是最棒的'沙漠之舟'。"

原来，这个阿拉伯人是个沙漠旅行家，他正在寻找他的旅行搭档。现在，他决定邀请骆驼和他结伴同行。

骆驼由此成了旅行家最亲密的伙伴。他帮旅行家驮水和干粮，旅行家为他讲故事解乏。当骆驼看到，茫茫大漠中所有的商旅都需要靠他的兄弟姐妹们驮货物时，他觉得骄傲极了！

特别的演员

“缺陷”也可以是一种别样的优势。

有个男孩，一生下来就超重。

随着年龄的增长，他越长越胖，成了个200斤的大胖子。

因为自己的体形，男孩觉得很自卑。他不敢正视自己，更没办法忍受旁人异样的眼光。

男孩曾一度活在自己的世界里，还因此患上了抑郁症。

直到有一天，街头的一位星探发现了他。

星探称：“剧组正好缺一位胖演员，我看你很符合我们剧本里的一个人物形象。”

男孩抱着试一试的心态参加了试镜，结果效果相当好。男孩也因此成了一名正式演员。

胖不再成为他自卑的

原因，反而成了他引以为豪的特点，让他成了一位具有高辨识度的演员。

男孩和故事中的骆驼一样，曾经都为自己的“缺陷”而深深自卑，可当他们处在另一种环境下，才发现原来当初的“缺陷”也可以是一种长处。亲爱的男孩，假如你觉得自己不够优秀，请试着换一种眼光看待自己的“缺陷”，或许，你会发现它们其实也是一种别样的优势。

成长小魔棒

做爱笑男孩的第十五个法宝：换个角度看事情。

咒语：换个角度看事情，世界就是另一种样子。

胖鹦鹉

春天来了，天气慢慢变暖，大雁们又飞回了北方。

大雁阿翔和小伙伴们飞累了，准备在树上休息一会儿。突然，一个彩色的“皮球”从一棵树上弹了出来，直直地射向天空，把他们吓了一跳。

“皮球”竟然飞上天了？

只见那个彩色“皮球”在空中不停地扭来扭去，最后扑腾一下，砸到了另一棵树上，几根彩色的羽毛随着树叶掉了下来。

阿翔飞近点，仔细看了看，原来那个“皮球”是一只胖鹦鹉！啧啧，要知道鸟类也是有脚的，但是这只鹦鹉就像个大皮球，肚子遮住了整条腿。

“再来一次！我一定要学会飞！”胖鹦鹉好不容易爬了起来。他拍了拍肚子上的肉，慢悠悠地走向一个大弹弓，旁边的大尾巴松鼠负责为他拉弹弓的皮筋，胖鹦鹉就是靠这个窜上天的。

阿翔和伙伴们盯着这只连走路都晃晃悠悠的家伙，哈哈大笑起来。

“皮球鹦鹉想飞上天？哎哟，这可是世纪大笑话！”阿翔的笑声就像广播似的，在空气中回荡开来。

一只大雁使坏，拉了一坨鸟屎，鸟屎直直地落在胖鹦鹉的弹弓上。这下，天空中的嘲笑声更响亮了。

松鼠站在一旁，不知道该怎么安慰胖鹦鹉。

他正想劝胖鹦鹉放弃，却看到胖鹦鹉已经清理完弹弓，咬紧嘴唇，准备继续飞了。

“大雁们嘲笑你，你难道一点儿也不介意吗？”松鼠问胖鹦鹉。

胖鹦鹉吸了吸鼻子，说：“其实，我挺难过的，但正是因为不想被别人嘲笑，我才要更努力地学会飞，让他们对我刮目相看！”

春去秋来，胖鹦鹉在学飞的过程中不知摔伤了多

少次。虽然他依然没有掌握飞行的技巧，但他发现自己的肚子越来越小，翅膀也越来越有力量。

这天，胖鹦鹉鼓起勇气，爬到山顶一棵高高的橡树上，用力地拍了拍翅膀飞出去。结果，他的身子还是不受控制地往下坠落。

他重重地叹出一口气，看来自己又要摔个脚朝天了。就在这时，他眼角瞥见树下有只小仓鼠不小心被小石子绊了一脚，竟然直直往悬崖底下摔去。

胖鹦鹉吓了一跳，用了生平最快的速度，不顾一切地俯冲下去，抓住小仓鼠。结果，他俩一起掉下了悬崖。

在坠落的过程中，小仓鼠害怕得哇哇大哭。胖鹦鹉急得使劲拍打翅膀，在即将摔到地面那一刻，他的翅膀终于带起了一阵风。

是的，他飞起来了！

他带着小仓鼠越飞越高，渐渐地飞入了天空的怀抱。

又是一年春天，大雁阿翔和他的小伙伴们再次经过这片树林。忽然，一个彩色的身影从阿翔面前掠过。那身形，看起来比大雁们更轻盈、更敏捷。

“咦？我怎么看着这只彩色的鸟这么眼熟呢？”阿翔挠了挠头。

“那就是你嘲笑过的那只胖鹦鹉呀！”另一只大雁说道。

三明治上的商机

不畏困难，才能成就自我。

泰国商人施利华，堪称商业界的传奇人物。

他原本是一位股票界的大亨，坐拥上亿资产，却因为一次金融危机而破产。

从身价过亿的富豪一下变成了穷光蛋，施利华并没有愁眉不展，而是笑着对自己说："好哇，又可以从头再来了！"

施利华开始卖起了三明治。每天，他把三明治售货箱挂在胸前，来来回回地穿梭于大街小巷，一边走一边叫卖。他的喉咙喊哑了，脚底也磨出了泡，但他依然精力充沛，面带笑容。

面对生活的困境，施利华没有唉声叹气，而是用心制作出美味的"施利华三明治"，用心研究三明治的营销方法。

施利华的小生意越做越好，短短一年，他就东山再起。1998年，施利华位列泰国《民族报》"泰国十大杰出企业家"的榜首。

从事业的巅峰一下跌入低谷，换作其他人都可能会从此一蹶不振。可施利华没有怨天尤人，他始终微笑着面对生活的难题，想方设法地去筹资，终于重新获得事业上的成功。

有人说：“假如我们转身面向阳光，就不可能陷身在阴影里。”亲爱的男孩，不管生活给你出了多大的难题，给了你多么严峻的考验，只要你的内心充满阳光，脸上挂着笑容，就容易找到解决困难的方法，生活会迎来美好的春天。

成长小魔棒

做爱笑男孩的第十六个法宝：笑对困难。

咒语：困难越大，荣耀也越大。

小兔子和大蟒蛇

一个春天的早晨，一只小兔子遇到一条孤单的大蟒蛇。他们躺在草地上一起晒太阳，一起聊天，道别的时候，就成了好朋友。

他们一起度过了嫩绿嫩绿的春天和碧绿碧绿的夏天。

秋天到了，小兔子种的萝卜大丰收。她想，不知道蟒蛇先生有没有东西吃呢？她决定请蟒蛇先生到家里来参加“丰收晚宴”。

小兔子想，蟒蛇先生的身体这么大，自己可得多准备点食物才好呀！

晚上，蟒蛇先生一到小兔子的家里，就看到餐桌上摆满了一堆好吃的：有萝卜饼、萝卜蛋糕、萝卜冰淇淋、萝卜汁……

蟒蛇先生真是太感动了，看着小兔子期待的眼神，他张开嘴，大口大口地把这些美食全都吃到了肚子里。

小兔子看到蟒蛇先生这么喜欢自己做的食物，开心极了。她眯着眼，小口小口地啃完了一块蛋糕。

今天真是美好的一天呀！小兔子和蟒蛇先生想。

第二天，蟒蛇先生来找小兔子玩儿。他走到萝卜地旁，眼前的景象让他呆住了。

只见原本长满了萝卜的田地上留下一个个小坑，萝卜全都不见了踪影。原来，小兔子把所有的萝卜都用来招待自己了。

蟒蛇先生的心里热热的，鼻子却酸酸的。

他急忙跑回家里，把他攒的水果全都带到小兔子的地里。接着，他小心翼翼地把这些水果一个个埋到了土里。

想到小兔子看到田里长满了水果时开心的样子，蟒蛇先生开心地笑了起来。

小兔子看到田里长满了水果，高兴地蹦了起来："我要邀请蟒蛇先生和我一起分享这些水果！"

这回，蟒蛇先生可不敢敞开肚皮吃了，他慢吞吞地吃完一颗樱桃和两颗葡萄，就拍着肚子说："我吃饱了。"

可是，他的肚子却诚实地"咕噜咕噜"叫了起来。

小兔子指着蟒蛇先生的肚子，好奇地说："可是，你的肚子还在叫呀！"

蟒蛇先生的脸红了，他想了好一会儿，才解释道："我们蟒蛇打饱嗝就是'咕噜咕噜'响的。"

从那之后，小兔子总是能发现她的萝卜地里长出各种各样的水果，每次，她都会邀请蟒蛇先生和她一起分享这份喜悦。

可是，蟒蛇先生每次都只吃一点点东西。

冬天来了，冬眠的蟒蛇先生被一个惊雷吵醒了。他跑到洞口一看，只见外面下着好大的雨，雨水顺着地势灌到了小河里。

小兔子的家就在小河边，万一河水冲上岸，小兔子就危险了。想到这里，蟒蛇先生再也待不住了，他“嗖”的一下，从洞里蹿了出去。

雨势越来越大，河水越涨越高。

突然，“哗啦”一通巨响，小河再也装不下这么多水了，河水一下子冲出了河岸。

汹涌的河水仿佛伸出一双巨手，把小兔子的屋子托了起来。小兔子吓得缩在墙角，眼泪“吧嗒吧嗒”地往下掉。

下一秒，小兔子惊恐地看见一张长满了尖牙的大嘴一口

吞掉了自己的房子，周围一下就变黑了。小兔子和她的房子被那张大嘴吞了进去。

小兔子眼前变得黑乎乎的，她害怕地捂住了长耳朵。

“嘎吱——嘎吱——”那怪物似乎越过许多障碍，上下左右地晃动，小兔子被颠得头晕眼花的。

终于，那怪物停了下来。

小兔子突然看到了一点儿白光，接着，那光越来越亮——她被吐出来啦！

她长舒了一口气，从屋里走了出来。一转身，小兔子的眼眶又红了。

只见蟒蛇半张着嘴，嘴里卡着一个小木屋，尾巴软塌塌地搭在地上，一动不动的。

原来，是蟒蛇先生救了小兔子！

小兔子还以为蟒蛇先生死了，她拼命地摇着蟒蛇先生，大哭起来。

“咕噜——咕噜——”小兔子突然听到了一阵熟悉的声音，抬头一看，只见蟒蛇先生缓缓地睁开了眼睛。

小兔子激动地扑上去，一把抱住了蟒蛇先生……

春天又来了，小兔子和蟒蛇先生躺在草地上晒太阳，他们一起聊天，一起分享美味的水果。

你让我想到我妈妈

关爱，使世界变得更美好。

一个老太太去商店买东西，商店的门又大又重，老太太刚准备推门，一位女士就立刻从后面赶上前来，一手推开了沉重的大门，直到老太太走进去后，她才松开手。

老太太感激地对她说："真是太谢谢你了。"

"不用谢。"女士微笑着回答，"我的妈妈年纪和您差不多，看到您，我就想到了她。我希望如果我的妈妈遇到这样的情况，也会有人为她开门。"

如果每个人都能够像这位女士一样，主动替别人考虑，在别人需要的时候，伸出援助之手，那该有多好呀！

当你对别人好的时候，别人也能够感受到你的心意，并将这种关爱反馈给你。小兔子和蟒蛇先生的故事不正说明了这个道理吗？小兔子关心蟒蛇先生，蟒蛇先生感受到了小兔子的真心，也时刻将小兔子挂在心上。下暴雨时，蟒蛇先生第一时间就想到了小兔子，并在最后救了小兔子一命。

亲爱的男孩，希望你能学会主动去关心别人，关心你的朋友，关心你的父母，关心那些需要帮助的陌生人。当你学会关心别人的时候，你就长大了。有一句歌词写得非常好：如果人人献出一点爱，世界将变成美好的人间。

成长小魔棒

做爱笑男孩的第十七个法宝：关心别人。

咒语：爱之花开放的地方，生命便能欣欣向荣。

车轱辘上的希望

“咯吱——咯吱——”，在天津的小巷子里，一位白发苍苍的老人正吃力地踩着三轮车。烈日下，他的额头沁出了汗水，他的衣服也被汗水打湿了，老人大口大口地喘着粗气，每蹬一下脚蹬都要使出全身的力气。

老人就这样高一脚低一脚地蹬了近二十年的三轮车。他用这蹬三轮车挣来的血汗钱，圆了三百多名贫困孩子的读书梦。

这位可敬的老人名叫白方礼。

白方礼出身贫寒，13 岁就出去给别人打短工，后来迫于生计，他在天津当起了三轮车夫。白方礼从小没读过什么书，但他却深谙知识的重要性，即使生活再苦再累，他也咬着牙，供子女们上了大学。

蹬了大半辈子三轮车的白方礼原打算颐养天年，可一件事改变了他的想法。

74 岁那年，白方礼回到老家，看到因贫困而上不起学的孩子们，内心十分煎熬。当晚他就将自己蹬三轮车积攒下的 5000 元全部捐了出去，给孩子们当教育基金。

从那以后，白方礼又干起了老本行，他要蹬三轮车给孩子们攒更多的钱上学！

蹬三轮车的日子是苦的，白方礼却觉得很快乐。因为从那辆破旧的三轮车里蹬出来的是希望，是孩子们的未来。

一年 365 天，他一天都舍不得歇。累了，他就靠着三轮车打个盹儿，一听到客人招呼，立马又来了精神头儿；感冒发烧了，他一边吃着退烧药，一边蹬车。一角、两角；一元、两元……每天，钱盒子里积攒下来的一张张钞票，意味着他又能资助更多的孩子上学了。

十几年来，白方礼没有买过一件衣服。一针一线，一鞋一袜，都是他从垃圾堆里捡来的。他吃得很简单，两个馒头，一点咸菜，就是他的日常饮食标配。每个月，他做的最大方的一件事，就是蹬着三轮车去学校捐钱。

为了筹集更多的捐助资金，白方礼义无反顾地变卖了老家的房子，成立了天津白方礼支教公司。他在天津火车站边上搭了个小售货亭，雇了个伙计卖些糕点、烟酒，而他自己仍旧蹬着那辆破旧的三轮车出去赚钱。

长年累月的苦力活儿让白方礼的身体每况愈下，他累病了。躺在病床上的白方礼，看到前来探望的孩子们，老泪纵横，嘴里还念着："孩子们，等我病好了，我还要蹬三轮车挣钱资助你们读书！"

在白方礼生命的最后时光里，他仍坚持把自己每个月的养老金全部捐出去。他去世时，竟然连一分存款也没留下。

一个有钱人捐款做慈善并不难，可白方礼却是一个并不富裕的老人，他过着极其朴素的生活，却靠着自己日积月累的微薄收入，捐出了 35 万元的善款。他向学校捐的每一分善款里都融入了他的辛勤血汗，融入了他对孩子们无私的爱与关怀。

白方礼过着最平凡的生活，做着一份辛劳的工作，但他却用自己一点一滴的善行，实现了一个看似不可能完成的助学梦，他从一个平凡的老人成为令人敬佩的慈善家。

穷孩子的馒头

善人者，人亦善之。

小梁是一个农村孩子，由于学习成绩好，被保送去市区最好的中学读书。

因为家里穷，小梁穿得很朴素，每天只吃三顿白馒头，配点咸榨菜。班里物质条件好的大丰经常嘲笑他。

有一天，学校组织去旅游，大家逛累了，便找了一处公园，坐下来吃午餐。

大丰带了草莓蛋糕做午餐。可等他打开包一看，顿时傻眼了！由于矿泉水盖没拧紧，漏出的水和蛋糕混在了一起，蛋糕变成了糊糊。附近又没有零食店，这午餐可怎么解决呀？

大丰正发愁时，小梁走了过来。

大丰想："这小子，估计是想让我分他点好吃的吧！"

他正打算让小梁走开，这时，小梁从包里掏出两个馒头递过去，说："吃点馒头吧，这个能稍微垫垫肚子。"

大丰被小梁的善意感动了，他嚼着馒头，决定以后再也不嘲笑小梁了。

善意，是大雨中路人递给你的一把伞，是寒冬中邻人送来的一车炭……或大或小，都让人觉得温暖与感动。每个人的心中都有一颗善与爱的种子，亲爱的男孩，愿你能给这颗种子浇灌更多的养分，让它开出最美的花儿，为这世界增添色彩，增添芬芳……

成长小魔棒

做爱笑男孩的第十八个法宝：心中有爱。

咒语：善良的人，会被这个世界温柔以待。

帮睡鼠找睡眠

小老鼠笨笨在野果林里采野果，今天的收获可大啦！

一只老睡鼠从树洞里探出头来，生气地嘟囔道："吵死了！还让不让人睡觉了！"

笨笨抬起头抱歉地说："对不起，打扰您休息了。"

"算了，不怪你，"睡鼠顶着两个大大的黑眼圈，叹了口气，"都怪我自己患上了失眠症，总也睡不着！"

睡鼠竟然睡不着觉，这可真是件稀罕事儿。

笨笨热心地给老睡鼠支招儿，比如，数星星啦，数羊啦，热水泡脚啦……他每说一个办法，老睡鼠都摇摇头。

老睡鼠伤心地说："我的睡眠丢啦，找不回来啦！"

说完，他疲倦地打了个大大的哈欠，慢慢地缩回了洞里。

那天晚上，笨笨心里一直惦记着那只睡不着觉的老睡鼠。睡不着觉多可怜啊，而且他还是一只睡鼠呢！

笨笨在床上翻过来翻过去，总也想不出帮睡鼠找回睡眠的好办法。

座钟的钟摆晃啊晃，晃啊晃，晃得笨笨的眼皮打起了架。

“嘿，有了！”笨笨的脑瓜子里终于冒出了一个办法。

第二天，笨笨兴冲冲地跑去找老睡鼠了。

“哎哟哟，喊我干什么呢？”老睡鼠不高兴地嘟囔着。

笨笨从身后拿出一根系着绳子的棒棒糖，在老睡鼠眼前晃来晃去，老睡鼠的脑袋也跟着棒棒糖左右摇摆。

“使劲盯着它，盯着盯着你就睡着了。”笨笨咧嘴笑道。

笨笨晃着那根棒棒糖，晃呀晃呀。

老睡鼠呢，他老老实实盯着棒棒糖，眼皮都没眨一下！

晃呀晃呀晃呀，晃得笨笨自己都快睡着了。

忽然，只听“咯嘣”一声，你猜怎么着？老睡鼠一口咬住棒棒糖，把它吃了！

老睡鼠一边嚼着糖果一边说：“晃呀晃的，晃得我口水流

了一地。”

唉，这个催眠法不仅没让老睡鼠睡着觉，还赔进去一根棒棒糖！

笨笨又有了新点子。他为老睡鼠做了一张吊床。那张吊床太棒啦，还装饰着玫瑰花和茉莉花，一看就让人想躺上去美美地睡一觉。

老睡鼠躺在吊床上乐得吱吱叫。

笨笨摇着吊床，摇啊摇，摇啊摇，把老睡鼠摇得可舒服啦。

老睡鼠闭着眼睛正享受着，只听“啪”的一声，空中掉下一大坨鸟屎，糊了他一脸！

老睡鼠尖叫着跳起来：“呸呸呸，什么东西这么臭？”

笨笨傻了眼。

老睡鼠可生气了，怎么劝也不肯回到吊床上。

“再来一坨鸟屎什么的我会疯掉的。”他说。

笨笨失落地离开了。

第二天一大早，笨笨就出门了。

原来，笨笨昨晚在一本书上看见瞌睡虫有治疗失眠的秘方，他要去河边找瞌睡虫。

1、2、3……在第13棵歪脖子柳树下，他看到了瞌睡虫家的门牌。笨笨按了好久的门铃，一只戴着花睡帽的虫子终于打开了门。

“什么事？”瞌睡虫的声音懒洋洋的。

笨笨高兴地说：“老睡鼠的睡眠丢了，听说您这儿有治疗失眠的秘方。”

瞌睡虫揉了揉眼睛，一副好想睡觉的样子：“你是说瞌睡粉呀。给你倒是简单，不过，老睡鼠的睡眠时间，需要拿你的玩耍时间来换，这样，瞌睡粉才会生效。”

笨笨有点儿拿不定主意，他觉得自己都不够时间玩。他搔搔头皮想着，老睡鼠总也睡不着觉，会影响他的身体健康，帮老睡鼠找回睡眠可是顶顶重要的事情，换就换！

瞌睡粉可管用啦。笨笨把它撒在老睡鼠身上时，老睡鼠才来得及打半个哈欠，就呼呼大睡过去。

老睡鼠终于找回了睡眠，他太感谢笨笨了！作为报答，他想带笨笨去一个特别好玩的地方，那个地方只有他知道。

笨笨好奇地跟着他去那个特别好玩的地方，可是，才走了两步，“扑通”，老睡鼠又倒在地上睡着啦。

看着老睡鼠睡得这么香，笨笨甜甜地笑了。

白馒头

赠人玫瑰，手有余香。

瀚文是一家企业的老板。

每天早上，瀚文去公司上班都会经过一条青石街。那里有一位卖白馒头的老奶奶，瀚文每次都要买上几个白馒头。

其实，瀚文并不喜欢吃白馒头，但他看到老奶奶一把年纪还这么辛苦，有点儿同情她。

这个小习惯，瀚文一直坚持了十年。有一天瀚文的公司破产了，他变成了穷光蛋。

这天早晨，他饥肠辘辘地经过老奶奶的推车前，老奶奶叫住了他："先生，买点馒头吧？"

瀚文掏了掏口袋，里面仅有三个硬币，他只好摆摆手。

"不要钱，这是送给你的。"老奶奶给他包了五个白馒头，笑着说，"谁还没有

个困难的时候？以后啊，你可以天天来我这儿吃馒头，不收你钱。”

瀚文就这样靠着白馒头度过了人生中最艰苦的日子，事业逐渐有了起色。

亲爱的男孩，每个人都会在生活中遇到难事。当别人遇到困难时，我们不妨伸出援助之手，帮帮他们。有时候也许只是自己一点点的付出，却能给别人带来莫大的帮助。当然，你喜欢帮助别人，也会有更多的人愿意来帮助你。

成长小魔棒

做爱笑男孩的第十九个法宝：帮助别人。

咒语：帮助别人，收获双倍的快乐。

竹编店的经营诀窍

华平是一个竹编手艺人，他的编织手艺可不一般。竹编的扫帚、竹编的果篮、竹编的篓子……只要是竹条能编出来的东西，华平都能轻而易举地给你做出来。华平编的东西坚固耐用，质量特别好。

令人不解的是，华平的生意一直很惨淡。

华平的竹编店经常一整天都见不到一个客人，这可真是愁死他了。为了招揽顾客，华平绞尽脑汁。

他将一些精美的成品摆在店里最显眼的位置，并在旁边立了一块大招牌，上面用红字写着“精致美观，坚固耐用”。他还专门把工作台摆到店门口，这样就能向客人现场展示自己高超的编织技巧了。

费了老大的劲，店里的生意却依旧不见起色，这下，华平不知道该怎么办了。

一天，店里来了个客人。他一进店就被那些精美的竹编陈列品吸引住了。

客人想离近点仔细看看，但一个声音叫住了他。

“看就看啊，可别随便碰，碰坏了可要赔的啊！”华平用防贼的眼神盯着这位顾客，嘴里念叨着，“要不要买啊，要买就赶紧的！”

华平的态度让客人很不舒服，客人想购买竹编的热情顿时减了一半。

“我再看看吧。”客人说。

华平觉得应该让这个客人再开开眼界，于是他走到工作台，准备现场露一手。

他一只手抓了一把竹条，另一只手开始编织。竹条飞舞，不一会儿，他就编出一个精致的竹篓。

华平更加得意了，他想看看这个客人脸上惊讶和赞赏的表情，可一抬头却发现，客人早就转身走了。

他觉得十分不解，为了搞清楚原因，华平急忙追了上去，拦住了那个客人。

“你明明很喜欢我的竹编，可为什么最后还是不买呢？”

“因为你说话不尊重我，这样做生意，谁会买你的东西呢？”客人说。

客人的话让华平陷入了沉思。他终于找到了自己这家小店生意萧条的原因：不懂待客之道。

以前店里来了客人，华平也不去招呼一下；有时他还会嫌客人乱碰他的陈列品，不给客人好脸色看。如果他继续这样，哪里可能有生意呢？

从那之后，华平开始主动招呼客人，态度变得十分温和，脸上也始终保持着令人舒心的笑容。

为了让客人有更愉快的购物体验，华平每天都把竹编店收拾得十分干净，每个竹编制品都擦拭一新。小店的客人越来越多。

“这个竹篓怎么卖？”

华平微笑着转过头来，原来是上次批评他的那位客人。

“你店里变化挺大啊！”客人看着热闹的小店笑着说。

华平给这个客人深深鞠了一躬：“还得谢谢您！多亏您指出了我的问题，要是还按以前的方式经营，我的店迟早倒闭！”

华平竹编店的生意就这样越做越火，现在，他再也不用为没客人而发愁了。

应聘者

知礼懂礼，才能受人欢迎。

一家大公司来了两位应聘者。

第一个应聘者表现很出色，他总能快速又准确地答出面试官的所有问题。可每次面试官的话还没说完，他就抢着回答道：“哦，我知道你的意思了……”然后，他就自顾自地讲了起来。

而第二位应聘者呢？

他一进门，就主动和各位面试官打招呼。在面试过程中，他始终面带微笑，耐心地等面试官说完后才开始作答。遇到不太会表达的地方，他还礼貌地请求面试官给他一点儿时间思考。

虽然第二个应聘者的应答速度不如第一个应聘者，但在整个的面试过程中，他的谦恭有礼让面试官们感觉十分舒服，面试官们最终选择了第二个应聘者。

礼貌，是我们与人打交道时呈上的第一张社交名片。假如你的名片上沾满了污点，那么你就很难再赢得别人的认可。亲爱的男孩，请学会礼貌待人，让你的第一张社交名片闪闪发光吧！只有做一个知礼懂礼的人，才能受人欢迎。

成长小魔棒

做爱笑男孩的第二十个法宝：礼貌待人。

咒语：礼貌是第一张社交名片。

礁石林之约

夜幕下，柔和的月光映在幽蓝的海水上，给海面铺上了一层波光粼粼的碎银。在海的深处，藏着一座神秘的海宫。水母们在绚丽的珊瑚丛中嬉闹，海星围着水草在跳舞。

一只叫白珠的海蚌，正和他的小伙伴海马兜兜约定：下周日带上美食，一起去礁石林游玩。

这会儿，他们都在为游玩做准备。

一颗小沙砾钻进了白珠的蚌壳里，白珠吐出一缕缕珍珠质，把沙砾一层层地包裹起来，直到包成一颗圆润莹白的珍珠。

兜兜背着一个海草编织成的兜袋，卷曲起尾巴钩在一块珊瑚上，他伸长了脑袋捕捉各种小虾米。连续几天的捕食，累得兜兜整条尾巴酸酸胀胀的。

到了约定这天，白珠用珍珠在大海集市上换了一篮新鲜的星杆藻，赶到了礁石林。

兜兜早早就坐在礁石旁等着了，见到白珠，他忙拿出几盘小虾米。

白珠瞅了瞅，小声咕哝了一句："怎么又是虾米啊，我都吃腻了。"

兜兜听见这话，想到自己这些天的辛苦，语气便有点儿不好："你嫌弃什么呢？我捕虾米可累了，哪像你那么轻松，随便躺着结颗珍珠就能换好吃的。"

“我轻松？你不知道结珍珠是个多麻烦的活儿。倒是你，不就是钩在珊瑚上抓小虾米嘛，有什么累的？”白珠反驳道。

两个家伙吵得面红耳赤，他们都觉得自己为这趟游玩费了不少力气，没想到同伴一点儿也不理解。

“既然我们都觉得对方更轻松，那就换一换，我躺着结珍珠，你去捕好吃的，怎么样？”兜兜提议。

白珠二话不说就答应了。

海宫里的龟仙人拥有许多奇妙的仙法。

兜兜和白珠找到了龟仙人，表明了他们的来意。龟仙人用手一指，白珠和兜兜身上发出了奇异的五彩光芒，下一刻，他们便互换了身体。

变成了一只海蚌的兜兜，悠哉地躺在原地吐泡泡。他躺得都快睡着了，终于有一颗小沙砾钻进了蚌壳。

兜兜跷着腿，吐出珍珠质，想要把沙砾包住。谁知那细小的沙砾晃来晃去，愣是避开了珍珠质，还硌得兜兜浑身刺痛。兜兜只好打起十二分精神，总算用珍珠质包裹住了那颗沙砾。

要想包出一颗圆润的珍珠真不容易啊，兜兜包的珍珠不是这边凸起个角，就是那边凹个口。凸起的那个角还险些划破了他细嫩的斧足。

这样的“劣质”珍珠，别说一篮星杆藻了，就连一个小虾米都不值。

兜兜丧气地看着那颗奇形怪状的珍珠，这才知道白珠的珍珠来得真不容易呀！

变成海马的白珠在干吗呢？他摇摇尾巴，兴奋地背着海草兜袋捕食去了。

海水轻轻泛起波纹，白珠的兜袋里才抓进了两三只小虾米。哎，就连小虾米都这么难捉，更别说捕其他东西啦。

白珠在珊瑚上挂了几天，感到尾巴泛酸，时不时就要用海草按摩按摩尾巴。

这时，远处漂来一团黑东西，白珠还以为是什么好东西呢，期待地等它靠近。

结果，那竟是章鱼乱丢的臭袜子。臭袜子把白珠熏得两眼发直，差点儿晕倒。白珠终于知道，兜兜为了捕虾米，也受了不少罪。

想到这儿，白珠回到了兜兜身边，轻轻地碰碰他的蚌壳，愧疚道："你辛苦了。"

"你也辛苦了。"兜兜吐出那颗"劣质"珍珠，愧疚地说道。

熟悉的五彩光芒一闪而过，下一刻，白珠和兜兜发现他们回到了自己的身体里。

第二天，白珠和兜兜在礁石林愉快地游玩了一整天，就连珊瑚丛里的水母都能听见他们的笑声呢。

“最好的”款待

换位思考是人与人相处的润滑剂。

有这么一个故事：

一只兔子邀请他的邻居白猫来家里吃饭，兔子准备了满满一桌胡萝卜丝、胡萝卜饼、胡萝卜丸子……

白猫一看，勉强品尝了一根胡萝卜丝，就再也吃不下了。

没过几天，白猫也盛情邀请兔子一起吃饭。他想：我一定要准备最最美味的食物来款待兔子。

于是，白猫特地抓了好几条新鲜的鱼，烹饪了一桌红烧鱼、清炖鱼、糖醋鱼……

哪知道兔子来了之后，被鱼腥味熏得直捂鼻子。

兔子和白猫都自以为给对方准备了最好的东西，

可他们却忽略了对方真正的喜好，没有站在对方的角度准备食材。

人与人之间需要理解与谅解，然而每个人所处的立场和环境不同，有时候我们很难对别人感同身受。

当我们与他人相处时，设身处地为他人想一想，就会多一些体谅。只有懂得换位思考，用你的心去感知别人的冷暖，才能真正知道对方的需求，更好地理解与帮助对方。亲爱的男孩，晓玲姐姐希望你能学会换位思考，用你的体贴与关怀，真心善待身边的每一个人。

成长小魔棒

做爱笑男孩的第二十一个法宝：换位思考。

咒语：将心比心，推己及人。

无所不能的苍蝇

在昆虫世界里，谁都不喜欢苍蝇。因为他们整天没头没脑地瞎晃悠，见人就吹嘘自己无所不能。

其中，有一只绿头苍蝇的个头最大，声音最响亮，他自封为“昆虫界的全能王”。

绿头苍蝇听说，屎壳郎家族的阿郎是个有名的大力士，他觉得十分不服气。

“我是全能王，谁能比得过我！”他决定，去向阿郎挑战。

这天，绿头苍蝇看见阿郎费力地推着一个好大的粪球，想要把它推上坡，他捂着肚子大笑起来：“这算什么大力士，一颗粪球都推不动。”

阿郎用手撑住粪球，对绿头苍蝇说：“你厉害，你来试试。”

这正合了绿头苍蝇的心意，他拍了拍手，站到粪球后顶替了阿郎的位置。

阿郎一松手，绿头苍蝇就使出了浑身的力气，可是，别说把粪球往上推了，“吧唧”一声，他一头陷进粪球里。

“骨碌骨碌”，粪球夹着绿头苍蝇，一路顺着斜坡往下滚。

绿头苍蝇挑战阿郎失败，还狼狈地陷入了粪球中，可他一点儿也不吸取教训。

有一天，他听到几只昆虫夸赞蜜蜂家族的阿蜂是昆虫界的“劳模”，他立马不服气地打断了大家的谈话：“我是全能王，谁能比得过我！”

他决定向阿蜂发出挑战。

他气冲冲地飞到了花田里，果然看到了阿蜂。

“我们来比比看，谁采蜜更快！”他拦下了忙碌的阿蜂，向他下了战书。

阿蜂忙着采蜜，根本没空理会绿头苍蝇的挑战。

绿头苍蝇得意地想，阿蜂一定是怕了自己。为了向围观的昆虫们证明自己比阿蜂还要厉害，他立马学着阿蜂的样子，把嘴伸到了花朵里。

他使出了全身的力气，用力一吸，谁知，花蜜没吸到一口，却被花粉呛到了。

绿头苍蝇被呛得连连咳嗽，他在其他昆虫的嘲笑声中落荒而逃。

这下，绿头苍蝇可成了整个昆虫界的笑话了。为了挽回自己的名声，他决定向一个更厉害的动物挑战。

听说，所有的虫子都怕黑蜘蛛，绿头苍蝇连忙飞到阿蛛的家门口："阿蛛，我是全能王，你敢跟我比一比吗？"

阿蛛正闲着无聊，坐在网上荡秋千呢，他爽快地答应了绿头苍蝇的挑战。

"那我们来比一比，看谁在网上爬得更快吧。"阿蛛向飞在半空中的绿头苍蝇提议道。

阿蛛的话刚说完，绿头苍蝇就迫不及待地落在了阿蛛的蜘蛛网上："预备，开始！"

绿头苍蝇使出了浑身力气，想要把脚从网里拔出来，可是，蛛网却牢牢地粘住了他的小细腿。

阿蛛"嘿嘿"笑了一声，轻松地抬起大长腿，两步就来到了绿头苍蝇的面前。他一口将绿头苍蝇吞到了肚子里，咂吧咂吧嘴，意犹未尽地说："谁说天下没有免费的午餐？"

成长点金术

抓老鼠

保持谦虚才能进步。

为了防鼠患，主人家养了两只猫，一只灰猫和一只黑猫。

灰猫是家里的老猫，他的捕鼠技巧十分厉害，附近几条街的老鼠只要一听到他的大名就吓破了胆。

后来，灰猫开始过起了安逸享受的日子，每当家里又有老鼠时，他都让黑猫去抓。按灰猫自己的话来说，抓几只小老鼠这么简单的活儿，哪轮得到他亲自动手！

时间久了，灰猫变得又肥又胖。而黑猫呢，他天天努力练习抓老鼠的技巧，捕鼠能力越来越强。

有一天，家里来了几只特别狡猾的老鼠，他们动作迅速，偷吃了厨房里的不少食物，主人立刻派灰猫和黑猫去抓老鼠。

灰猫拖着他的大肚子慢吞吞地开始行动，没想到，他被老鼠狠狠地戏弄了一番，而黑猫没花多少功夫就抓到了老鼠。

主人对黑猫的表现十分满意，奖励了黑猫一大包小鱼干。又懒又笨的灰猫被赶出了家门。

莎士比亚说：“一个骄傲的人，结果总是在骄傲中毁了自己。”亲爱的男孩，世界上比我们优秀的人实在太多了，如果你因为自己的一点儿优势就沾沾自喜，停滞不前，很快你就会被别人超越。只有始终保持谦卑的姿态，你才能不断进步，成为人群中的佼佼者。

成长小魔棒

做爱笑男孩的第二十二个法宝：谦虚。

咒语：妄自尊大是无知的假面具。

花样赛跑

一年一度的蘑菇森林赛跑大赛过几天就要举行了。

可是，主办人豪猪先生等了好几天，都没有一只动物前来报名。

截止日期的最后一天，蜗牛奔奔气喘吁吁地赶来了："我……我来报名了。"

豪猪先生叹了口气，把金牌挂在奔奔的脖子上："今年，只有你一个人报名参加比赛，冠军是你的了。"

奔奔每年赛跑都是最后一名，现在终于当上冠军了，可他一点儿也不开心。

为什么大家都不愿意参加这个比赛了呢？

他跑去问蝉联了5届赛跑大赛冠军的豹子先生。豹子先生说："年年都是第一名，真没意思。"

他又跑去问和自己一样年年落在最后的乌龟大哥，乌龟大哥叹了口气说："每年都是倒数第二名，真没意思。"

兔子小姐也不愿意参加比赛了，她说："看到参赛的选手，我就知道每个人的名次，真没意思。"

奔奔终于明白，为什么大家都不愿意报名参加赛跑比赛了。

那么，要怎样才能让比赛重新变得有趣起来呢？奔奔每天都在思考这个问题。

这天，他正趴在草丛边苦思冥想，突然一阵风从他耳边刮过。他看到一个小男孩正在斜坡上玩滑板，那滑板由四个圆圆的轮子和一块木板组成，小男孩只要站在木板上，就可以“呼”的一下从斜坡上飞快地滑下去。

奔奔突然有了好主意！他找来了豪猪先生，跟他嘀嘀咕咕地商量了半天。

一个礼拜后，豪猪先生通过森林广播将大家召集到一块空地上。他指着奔奔对大家说：“我决定，更改森林赛跑大赛的规则，换个有趣的新玩法。”

瞧瞧奔奔，只见他神气地站在一个用木头做成的滑板上，豪猪先生一声令下，他就骑着滑板，“嗖”的一声，从斜坡上滑了下去，不一会儿，就不见了踪影。

原来，豪猪先生决定将森林赛跑大赛改为“花样赛跑”，规则是：所有的动物都可以借助工具参加比赛，谁第一个到达山脚，谁就是冠军。

他还特地为“花样赛跑”想了一个口号：不怕做不到，就怕想不到！

动物们听完比赛规则，全都欢呼了起来。这样的比赛，可

比单纯赛跑有趣多啦！

所有的动物都报了名，他们迫不及待地赶回家，准备参赛的工具去啦！

很快就到了“花样赛跑”的日子。

“嘟——”口哨声响起，大家纷纷冲出起跑线。

只见豹子先生踩着一个带有两个踏板的圆形轮子，一马当先冲下山坡，他摇摇晃晃地踩着踏板，伸开双手努力保持平衡。

乌龟先生把壳当成“交通工具”，他缩进了壳里，用棍子一撑地面，就飞快地冲下了斜坡。

兔子小姐用一块西瓜皮当作雪橇，手上还握着两根胡萝卜当滑雪杖，她使出了吃奶的力气，双手转得飞快，就像挥舞着迎风而转的风车。

蜗牛奔奔踩着它的滑板车，灵活地绕过一块又一块石头，时不时就兴奋地碰一碰触角。

主办人豪猪先生也忍不住下场比赛，他在自己的鞋子下面分别装了两个轮子，“呼”的一下，就超过了蝉联五届冠军的豹子先生……

每位参赛者都使出了全身力气，希望能够夺得一个好名次。

他们冲呀，跑呀，笑呀，整个森林里都回荡着欢乐的嬉闹声。

你猜猜看，最后是谁获得了花样赛跑的冠军呢？

哈哈，谁也想不到，最后，竟然是狗熊大叔获得了比赛的第一名。因为他不小心被一块大石头绊倒了，骨碌骨碌从山上一路滚到了山脚下。

葫芦船

善于变通，事半功倍。

有一个农夫，家里种了很多葫芦。这年秋天，他意外地发现藤蔓上结了一个硕大无比的葫芦。大葫芦底都挨到地面了，足足有一米多高。

他原本打算用葫芦装酒，可是没想到，葫芦虽大，葫芦口却很小。他每次装酒，酒都会从葫芦口洒出来，实在很浪费。

农夫想：这葫芦口很小，装不了酒，那我就把它剖开，当

船用吧，也不枉结了这么个大葫芦。

于是，他找木匠把葫芦锯开，葫芦一下变成了两只“小船”。

农夫在河对岸种了菜，他每次都坐着“葫芦船”过去浇水、施肥，十分方便。等蔬菜成熟了，他把蔬菜放在另一只“葫芦船”中一起运回来，也省去了不少水上运输费。

豪猪先生因为懂得变通，更改了比赛规则，让森林赛跑重新变得有趣起来；农夫也因为懂得变通，把大葫芦改造成了船，为自己的生活提供了便利。

亲爱的男孩，你在生活中往往会遇到很多难题，只有懂得变通，使巧劲儿，才能让生活过得轻松自如。

成长小魔棒

做爱笑男孩的第二十三个法宝：学会变通。

咒语：理贵变通。

附录

做爱笑男孩的二十三个法宝

做爱笑男孩的第一个法宝：笑口常开。

咒语：笑口常开，好运自来。

做爱笑男孩的第二个法宝：乐观。

咒语：面对挫折，一笑而过。

做爱笑男孩的第三个法宝：幽默。

咒语：幽默是智慧的光芒。

做爱笑男孩的第四个法宝：学会微笑。

咒语：微笑是沟通心灵的金桥。

做爱笑男孩的第五个法宝：正能量。

咒语：乌云上面有晴空，风雨过后是彩虹。

做爱笑男孩的第六个法宝：心怀希望。

咒语：人生最可怕的破产就是丧失希望。

做爱笑男孩的第七个法宝：热爱生活。

咒语：热爱生活，才能创造美好生活。

做爱笑男孩的第八个法宝：有爱好。

咒语：爱好让生活变得多姿多彩。

做爱笑男孩的第九个法宝：懂得感恩。

咒语：心存感激的人，整个世界都是光明的。

做爱笑男孩的第十个法宝：不要抱怨。

咒语：抱怨的人永远看不到阳光。

做爱笑男孩的第十一个法宝：自信。

咒语：天生我材必有用。

做爱笑男孩的第十二个法宝：接纳自己。

咒语：接纳自己就接纳了世界。

做爱笑男孩的第十三个法宝：不在意他人的眼光。

咒语：走自己的路，让别人说去吧。

做爱笑男孩的第十四个法宝：豁达。

咒语：用心计较般般错，退步思量事事宽。

做爱笑男孩的第十五个法宝：换个角度看事情。

咒语：换个角度看事情，世界就是另一种样子。

做爱笑男孩的第十六个法宝：笑对困难。

咒语：困难越大，荣耀也越大。

做爱笑男孩的第十七个法宝：关心别人。

咒语：爱之花开放的地方，生命便能欣欣向荣。

做爱笑男孩的第十八个法宝：心中有爱。

咒语：善良的人，会被这个世界温柔以待。

做爱笑男孩的第十九个法宝：帮助别人。

咒语：帮助别人，收获双倍的快乐。

做爱笑男孩的第二十个法宝：礼貌待人。

咒语：礼貌是第一张社交名片。

做爱笑男孩的第二十一个法宝：换位思考。

咒语：将心比心，推己及人。

做爱笑男孩的第二十二个法宝：谦虚。

咒语：妄自尊大是无知的假面具。

做爱笑男孩的第二十三个法宝：学会变通。

咒语：理贵变通。

童话女皇 晓玲叮当作品
《淘皮鼠系列童话故事》
《淘皮鼠逆商系列玩具书》
《藏在成语里的历史
《非常成长书》
《小飞仙美德图画书》
《奇幻仙踪》

晓玲叮当
奇幻童话
好玩国大冒险
玩国大冒险》
挫折其实
不可怕
奇幻仙踪
获奖证书
文艺类图书《魔法小仙子》获得第十二
届精神文明建设"五个一工程"优秀作品奖。
特此表彰。

图书在版编目(CIP)数据

爱笑的男孩最幸运 / 晓玲叮当编著. — 广州：新世纪出版社, 2023.12

（非常成长书：男孩版）

ISBN 978-7-5583-2646-2

Ⅰ. ①爱… Ⅱ. ①晓… Ⅲ. ①心理健康－健康教育－少儿读物 Ⅳ. ①G444-49

中国版本图书馆CIP数据核字(2020)第236306号

爱笑的男孩最幸运

AI XIAO DE NANHAI ZUI XINGYUN

著　　者：晓玲叮当
出 版 人：陈少波
责任编辑：刘梦瑶
责任校对：庄淳楦　黄鸿生
责任技编：王　维

出版发行：新世纪出版社
（广州市越秀区大沙头四马路12号2号楼）
经　　销：全国新华书店
印　　刷：雅迪云印（天津）科技有限公司
规　　格：710 mm × 1000 mm　开　　本：16 开
印　　张：9　字　　数：90千字
版　　次：2023年12月第1版　印　　次：2023年12月第1次印刷
定　　价：35.00元

质量监督电话：020-83797655　购书咨询电话：020-83781537